宅建業者・賃貸不動産管理業者のための

民法(債権法)改正における実務ポイント

弁護士 江口正夫・著

大成出版社

発行に寄せて

　当協会は、約120年ぶりとなる民法改正が賃貸住宅市場に及ぼす影響が少なくないと考えるため、早くから最新情報の発信や実務対応策の研究に取り組んでおります。具体的には、国土交通省後援行事として全国で開催している「賃貸住宅の住環境向上セミナー」における講演会や居住用建物賃貸借契約書（標準版）の改正を行いました。

　江口正夫先生は長年にわたって当協会の理事をお務め頂くなど、賃貸住宅市場の整備・発展に多大な貢献をされております。賃貸住宅関連の法令に精通されているとともに、現場実務について十分な見識も備えられているため、当協会では常日頃から全国各地域の勉強会の講師として、精力的な講演活動も行って頂いております。

　賃貸住宅所有者及び不動産業者の皆様におかれましては、貸主・借主間の賃貸住宅トラブルの未然防止をはじめ、賃貸住宅市場における民法改正への適切な対応のために本書をご活用頂くことを祈念しております。

平成30年8月

公益財団法人日本賃貸住宅管理協会

会　長　　末　永　照　雄

は じ め に

　1896年（明治29年）に制定された民法のうち、主に債権法の分野が約120年ぶりに抜本的に改正された。その改正の内容は多岐にわたるが、第189回通常国会に提出された「民法の一部を改正する法律案」においては、債権法に関する民法の改正理由につき、「社会経済情勢の変化に鑑み、消滅時効の期間の統一化等の時効に関する規定の整備、法定利率を変動させる規定の新設、保証人の保護を図るための保証債務に関する規定の整備、定型約款に関する規定の新設等を行う必要がある。」とされている。社会経済情勢の変化への対応として、代表的なものとして、消滅時効、法定利率、保証、定型約款の4つの項目が挙げられているが、今回の改正はそれらに留まるものではなく、民法に規定する13種類の典型契約（売買、賃貸借、請負、委任等）についても重大な見直しがなされている。とりわけ、不動産の売買契約や賃貸借契約などの不動産取引実務に大きな影響を与える改正項目も少なくない。

　本書は、個人や企業が不動産取引を行う際にも問題となり得る上記の4項目のほか、改正民法が不動産売買や不動産賃貸借の場面において具体的にどのような影響を与えるのか、どのような対策を講ずることが可能であるか等について実務に即した解説をするものである。

　瑕疵担保責任から契約不適合責任への変更は不動産売買実務にどのような影響を与えるのか、また、保証に関する改正点は不動産賃貸借契約の連帯保証人に当てはめた場合にはどのような問題が生じるのか、修繕権の明文化は賃貸住宅・貸ビル経営においてどのような問題が生じるのか、賃貸物の一部使用収益が不能の場合の新たなルールは不動産賃貸借の場面においてどのようなトラブルが生じるおそれがあるのか、原状回復に関する明文を設けたことは不動産賃貸借契約の締結実務と明渡しの現場においてどのような影響を与えるのか等々、不動産売買契約や不動産賃貸借の実務に踏み込んだ解説がなされた書籍はあまり見られないように思われる。

　本書は、改正民法が、これらの不動産売買実務や不動産賃貸借実務におい

て、実務上のどのような場面において、どのような影響を与えるかを、具体的な場面を想定しつつ、詳しく掘り下げている点において、類書とは異なる特徴があるものと考えている。本書が、日頃、不動産売買契約や不動産賃貸借契約の締結、運用に携わる多くの実務家の方や、改正民法の概要を知りたいと考える企業、消費者の方々に広く活用されることを期待するものである。

　2018年8月

弁護士　江口　正夫

目　次

第1章●民法改正の経緯　1

1 民法改正の目的　1

2 民法改正の手続　2

第2章●今回の改正の対象　3

1 社会経済情勢の変化への対応　3

2 判例理論を取り込んだ分かりやすい民法　4

第3章●不動産取引における債権管理に関連する改正　5

1 消滅時効制度の改正　5

　1 時効の「中断・停止制度」から、「完成猶予・更新」制度へ　5

2 債権の消滅時効の起算点と時効期間の変更　8

　1 借地上建物の無断増改築を理由とする解除権の消滅時効　9

　2 改正民法による無断増改築を理由とする解除権の消滅時効　9

　3 商事債権の5年の消滅時効制度の廃止　11

　4 職業別短期消滅時効の廃止　11

　5 定期給付金債権短期消滅時効の廃止　12

　6 協議による時効の完成猶予　13

　7 改正民法の適用関係　16

3 法定利率に対する改正（固定利率から変動する固定利率へ）　18

　1 法定利率を固定利率から変動する固定利率へ　18

　2 改正民法の採用する変動利率制　18

　3 商事法定利率の廃止　20

　4 法定利率の改正の実務への影響　20

1

目 次

第4章●不動産取引契約に適用される主な総論的な規定　22

1 契約自由の原則の明文化　22

2 契約の成立時期に関する改正　23

  1 契約の成立時期に関する原則的な規定の創設　23

  2 諾成契約の原則の明記　24

  3 申込みの意思表示の撤回の可否　24

  4 承諾の期間を定めた申込みの撤回　25

  5 承諾期間内に承諾が届かなかった場合の改正　26

  6 承諾の期間を定めていない場合の申込みの撤回　26

  7 賃貸借契約の承諾の遅延の場合の取扱い　27

3 債務不履行を理由とする契約の解除の要件に関する改正　28

  1 債務者の責めに帰すべき事由は不要に　28

  2 催告解除と無催告解除はどのような場合にできるか　29

4 改正民法の定める定型約款と不動産取引契約のひな型　31

  1 定型約款に関する規定の新設　31

  2 不動産取引に関する契約ひな型は定型約款に該当するか？　34

  3 改正民法の定める「定型約款」のルール　35

  4 定型約款に関するQ&A　38

第5章●不動産売買契約実務に影響を与える改正項目　40

1 第三者のためにする契約　40

2 不動産売買契約における違約金（損害賠償の予定）に関する改正　42

  1 裁判所は増減変更することができないとの規定は削除された　42

  2 改正民法の意図　43

3 危険負担制度の廃止と不動産売買実務への影響　44

  1 危険負担に関する改正前民法第534条は削除　44

CONTENTS

2 危険負担に関する改正民法の規定　45

4 買戻し制度に関する改正事項　46

1 改正前民法のもとでの買戻し制度の内容　46

2 改正民法のもとでの買戻し　47

3 買戻しの登記の時期についての変更は見送られた　48

4 買戻しに関するQ&A　48

5 瑕疵担保責任から契約不適合責任へ　49

1 改正前民法の瑕疵担保責任　49

2 改正民法の契約不適合責任　50

3 瑕疵担保責任と契約不適合責任の責任内容の相違　51

4 契約不適合責任に関するQ&A　64

第6章●不動産賃貸借契約に関する改正　68

1 賃貸借契約の連帯保証に関する改正（付従性）　68

1 保証債務の付従性　68

2 賃貸借契約の個人連帯保証契約についての「極度額」規制の導入　71

1 改正民法における「個人根保証契約」に対する極度額規制　71

2 不動産賃貸借契約の連帯保証契約への影響　72

3 個人根保証契約の保証債務における「極度額」の対象債務　72

4 連帯保証人の極度額の設定　72

5 極度額の規制の開始時期　73

6 個人根保証契約の元本の確定　74

7 保証に関するQ&A　76

3 保証人に対する情報提供義務　77

1 保証人に対する3種類の情報提供義務　77

2 保証契約締結時における事業のために負担する債務の個人根保証契約における主たる債務者の保証人に対する情報提供義務　78

3

目　次

4 敷金に関する規定の創設　84

　　1 改正前民法による敷金の取扱い　84

　　2 改正民法による敷金の定義　85

　　3 賃貸借(敷金)に関するQ&A　87

5 賃貸人の地位留保特約に関する規定の新設　89

　　1 不動産の賃貸人たる地位の移転　89

　　2 実務上の要請と賃貸人たる地位の留保特約の効力　90

6 賃貸物の修繕に関する改正事項　92

　　1 改正前民法における賃貸物件の修繕義務　92

　　2 改正民法における賃貸物件の修繕義務　92

　　3 賃借人の修繕権の明文化　93

　　4 賃借人が自ら修繕した場合の費用負担　95

　　5 賃貸借(修繕)に関するQ&A　97

7 賃貸目的物の一部滅失または一部使用収益不能と賃料の当然減額　97

　　1 賃借物が一部滅失した場合の改正前民法の規定　97

　　2 賃借物が一部滅失等した場合の改正民法の規定　98

　　3 賃借物が一部滅失等した場合の改正前民法と改正民法との相違点　99

　　4 賃貸借(賃料減額)に関するQ&A　102

8 原状回復の内容に関する規定の新設　102

　　1 収去権から収去義務の規定へ　102

　　2 改正民法における賃借人の「収去義務」の内容　103

　　3 改正前民法における原状回復義務　104

　　4 改正民法における原状回復義務　105

　　5 改正民法における原状回復義務の規定は強行規定か?　106

CONTENTS

9 通常損耗を賃借人負担とする条項を作成する場合の留意点　107

　1 居住系賃貸借の場合　107

　2 オフィス・店舗等の事業系賃貸借の場合　108

　3 賃貸借(原状回復)に関するQ&A　110

10 改正民法の適用関係　111

|第1章| 民法改正の経緯

1 民法改正の目的

民法は明治29（1896）年に制定されてから120年が経過しています。この間に、社会経済情勢にあわせて部分的な改正は行われたことがあるものの、債権編（第3編）の契約等のルールを全面的に見直すといった抜本的な改正は行われたことがありませんでした。

しかし民法が制定された当初の明治時代と現代では社会も経済情勢も大きく変化しています。このため、社会・経済の変化への対応を図るための見直しを行い、現代の社会・経済情勢に即した内容とすることが望まれてきたところです。あわせて、この間に蓄積された裁判所の判例もたくさんありますので、紛争が生じた際、民法典だけを見ていたのでは実際の解決基準が明確ではない場合があります。現在では、こうした裁判所の判例を考慮しなければ実際の解決基準を見出すことが難しくなっています。

そこで、今回の民法（債権関係）改正では、経済取引を支える最も基本となる契約等の債権に関する規定を中心に、主に2つの目的から見直しが行われました。改正の主な目的は、以下に示すとおり2点あります。

民法改正の目的	❶社会経済の変化への対応を図る。 ❷判例を取り込み国民に分かりやすい民法にする。

第1に、民法を現在の社会経済情勢に即した内容にすることです。明治時代に制定された民法が現在の社会経済情勢に即していない例としては、法定利率があります。改正前の民法では、法定利率は年5％の固定利率ですが、長引く低金利により法定利率年5％は市中金利の何倍にも達しています。法定利率の

あり方として、果して現在の年5％の固定利率制でよいか見直す必要があります。また改正前の民法には契約約款に関する定めがありません。明治時代には契約約款に基づく取引はさほど多くはなかったと思われますが、現在ではインターネット取引など契約約款は頻繁に登場しており、契約約款を用いた取引の効力を明確にしておく必要性があります。これ以外にも、民法を現在の社会経済情勢に即した内容とするために求められる項目は多くあります。

　第2に、民法を分かりやすい内容にすることです。民法を分かりやすい内容にするという意味は、民法の条文を単純にして読みやすくするということではありません。これまでに蓄積された判例を可能な限り民法の条文に盛り込み、その条文を見れば、ある程度、実際の解決基準が理解できるようにすることを意味しています。したがって、民法の規定が従来よりも複雑に感じられる条項も少なくありませんが、これも現代の複雑化した経済社会への対応を図るために、最低限必要な事項が定められたといえましょう。

2 　民法改正の手続

　今回の改正手続は、具体的には、2009年11月に法制審議会で民法（債権法）改正についての審議が始まりました。改正作業の第1段階を経た「中間的な論点整理」の時点では、検討された論点数は約550あり、改正民法の条文数は3000条を超えるのではないかともいわれていました。

　しかし最終的には200程度に論点が絞られ、2015年3月の通常国会に民法の改正法案が提出されました。そして2017年4月14日に、衆議院本会議において可決後、2017年5月26日の参議院本会議で可決成立しています。改正民法は2017年6月2日に公布、2020年4月1日から施行されることが決定されています（定型約款等一部の規定の施行日は別途）。

第2章 今回の改正の対象

　今回は抜本的な改正であるとはいっても、5つの編から構成される民法典のすべてを改正するものではありません。第3編の債権（主に契約に関する部分。債務不履行、契約解除、損害賠償、各種の契約類型等）を全面的に見直すとともに、第1編の総則に関する規定のうち意思表示や時効など、取引社会において重要な影響を与える項目について見直しが行われたものです。

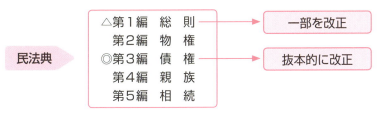

1　社会経済情勢の変化への対応

　民法を社会経済情勢の変化に対応させるための改正項目としては、

☞ ポイント！

❶　法定利率を現行の固定利率制から変動利率制へ移行したこと
❷　消滅時効の制度や時効期間の変更等を行ったこと
❸　契約約款のうち、定型約款について、定型約款の拘束力や変更等についての規制を行ったこと
❹　保証人に深刻な問題が生じている実態を踏まえた保証人保護方策を中心とする保証制度の改正を行ったこと

等が挙げられます。

2 判例理論を取り込んだ分かりやすい民法

また、従来の判例理論を盛り込んだ不動産取引に関する改正事項としては、

☞ポイント！

❶ 手付解除の要件についての判例理論の明文化

❷ 敷金の定義や敷金の返還時期についての明文化

❸ 賃借物に対する賃借人の修繕権の明文化

❹ 賃貸借終了後の原状回復義務においては、賃借人は通常損耗について
は原状回復義務を負わないことの明文化

等が挙げられます。いずれも、判例理論を明文化することによる実務への影響は大きなものがあると考えられます。

以下、不動産取引契約実務に影響を及ぼすと考えられる改正民法の項目について説明します。

第3章 不動産取引における債権管理に関連する改正

❶ 消滅時効制度の改正

　消滅時効については、用語として、従来、時効の「中断」「停止」と呼ばれていた事項について、これを「時効の完成猶予」「時効の更新」という用語に変更していますが、このような用語の形式的変更以外に、実質的に、取引実務においての変更をもたらすものとしては、以下の6点を挙げることができます。

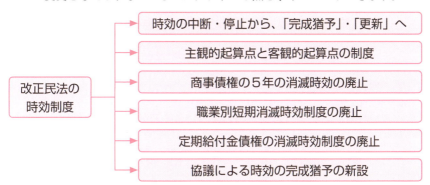

❶ 時効の「中断・停止制度」から、「完成猶予・更新」制度へ

　改正前民法では時効の完成を阻止する事由として、中断と停止が規定されています。「中断」とは、時効期間が進行を始めた後、進行を阻止（中断）してそれまでに進行した期間を無意味にすることをいいます。「停止」とは、時効が完成すれば権利を失う者に時効の中断をすることのできない一定の障害事由がある場合に、時効の完成を一定期間猶予し、その間に時効の中断行為を可能にさせようとするものです。

しかし改正前の民法は、時効の中断事由として、時効の完成を阻止するという意味での「中断」と、それまでの時効期間を無意味にするという意味での「中断」の2つの意味があり、「中断」という用語自体が必ずしも厳格に用いられているわけではありません。

そこで、改正民法では、改正前民法の中断事由について、中断事由によって時効の完成が妨げられるという効力を生ずるものを時効の「完成猶予」、中断事由によって、それまで進行してきた時効がリセットされ、そこから新たな時効が進行するという効力を生ずるものを時効の「更新」という表現を用いることとして再構成されました。

同様に改正前民法の「時効の停止」は、改正民法においては「完成猶予」ということになります。

【改正前民法と改正民法の相違】

(1) 時効の完成猶予

> 【改正民法第147条（裁判上の請求等による時効の完成猶予及び更新）第1項】
> 次に掲げる事由がある場合には、その事由が終了する（確定判決又は確定判決と同一の効力を有するものによって権利が確定することなくその事由が終了した場合にあっては、その終了の時から六箇月を経過する）までの間は、時効は、完成しない。
> 　一　裁判上の請求
> 　二　支払督促
> 　三　民事訴訟法第275条第1項の和解又は民事調停法（昭和26年法律第222号）若しくは家事事件手続法（平成23年法律第52号）による調停
> 　四　破産手続参加、再生手続参加又は更生手続参加

【改正民法第148条（強制執行等による時効の完成猶予及び更新）第1項】

　次に掲げる事由がある場合には、その事由が終了する（申立ての取下げ又は法律の規定に従わないことによる取消しによってその事由が終了した場合にあっては、その終了の時から6箇月を経過する）までの間は、時効は、完成しない。

　　一　強制執行
　　二　担保権の実行
　　三　民事執行法（昭和54年法律第4号）第195条に規定する担保権の実行としての競売の例による競売
　　四　民事執行法第196条に規定する財産開示手続

【改正民法第149条（仮差押え等による時効の完成猶予）】

　次に掲げる事由がある場合には、その事由が終了した時から6箇月を経過するまでの間は、時効は、完成しない。

　　一　仮差押え
　　二　仮処分

【改正民法第150条（催告による時効の完成猶予）】

　催告があったときは、その時から6箇月を経過するまでの間は、時効は、完成しない。

　2　催告によって時効の完成が猶予されている間にされた再度の催告は、前項の規定による時効の完成猶予の効力を有しない。

【改正民法第151条（協議を行う旨の合意による時効の完成猶予）第1項】

　権利についての協議を行う旨の合意が書面でされたときは、次に掲げる時のいずれか早い時までの間は、時効は、完成しない。

　　一　その合意があった時から1年を経過した時
　　二　その合意において当事者が協議を行う期間（1年に満たないもの

に限る。）を定めたときは、その期間を経過した時

三　当事者の一方から相手方に対して協議の続行を拒絶する旨の通知
　が書面でされたときは、その通知の時から6箇月を経過した時

⑵　時効の更新

【改正民法第147条（裁判上の請求等による時効の完成猶予及び更新）第2項】

2　前項の場合において、確定判決又は確定判決と同一の効力を有する
　ものによって権利が確定したときは、時効は、同項各号に掲げる事由
　が終了した時から新たにその進行を始める。

【改正民法第148条（強制執行等による時効の完成猶予及び更新）第2項】

2　前項の場合には、時効は、同項各号に掲げる事由が終了した時から
　新たにその進行を始める。ただし、申立ての取下げ又は法律の規定に
　従わないことによる取消しによってその事由が終了した場合は、この
　限りでない。

【改正民法第152条（承認による時効の更新）】

権利の承認があったときは、その時から新たにその進行を始める。
2　前項の承認をするには、相手方の権利についての処分につき行為能
　力の制限を受けていないこと又は権限があることを要しない。

❷　債権の消滅時効の起算点と時効期間の変更 •••

　改正前民法では、債権の消滅時効期間は、「権利を行使することができると
きから10年間」とされており、消滅時効の起算点は、権利者が権利を行使でき
ることを知っていたか否かは関係がなく、あくまで、客観的に権利の行使が可
能であるか否か、すなわち権利を行使し得るとは権利の行使に法律上の障害が

ないことを指すものと解されてきました（最判昭和49年12月20日）。

1 借地上建物の無断増改築を理由とする解除権の消滅時効

　たとえば、土地所有者が、木造建物の所有を目的として増改築禁止特約を付して土地の賃貸借契約を締結したところ、借地人が地主に無断で借地上に建物を木造建物から鉄筋コンクリート造りの堅固な建物に建て替えた場合、無断の目的変更、無断増改築を理由に地主は土地賃貸借契約を解除することができます。この解除権も時効により消滅しますが、地主が遠方に居住しており（不在地主の場合）、借地人による無断増改築の事実を知らなかったとしても、改正前民法の消滅時効の起算点は「権利を行使できるときから10年間」とする客観的起算点であるから、地主が無断増改築の事実を知らなくとも解除権の消滅時効が進行します。極端なケースとして、10年間地主がその事実に気づかなかった場合には、地主は、無断増改築の事実を知らないまま解除権の消滅時効が進行し、地主が知らないまま解除権の消滅時効が完成してしまうことになります。したがって、解除権が消滅時効により消滅した後は、承諾のあった増改築と同様に扱われることになります。

　改正前民法のもとでは、たとえ無断増改築の時から1年後に地主がその事実を知ったとしても、消滅時効は「権利を行使できるときから10年間」とする客観的起算点のみですから、地主が解除権の発生を知ろうと、知るまいと、消滅時効が完成する時期は同じです。

2 改正民法による無断増改築を理由とする解除権の消滅時効

　これに対し、改正民法では、上記の客観的な起算点を前提とした「権利を行使することができる時から10年間」の消滅時効制度は残したままで、債権者が「権利を行使できることを知ったときから5年間」でも債権は時効消滅するという新たなルールが追加されました。

> 【改正民法第166条（債権等の消滅時効）第1項】
> 　債権は、次に掲げる場合には、時効によって消滅する。

一　債権者が権利を行使することができることを知った時から５年間行使しないとき。
　二　権利を行使することができる時から10年間行使しないとき。

　改正民法では、消滅時効の起算点について、債権者が「権利を行使できるときから10年間」という客観的起算点と、債権者が「権利を行使できることを知ったときから５年間」という主観的起算点による消滅時効との２つの制度を採用し、いずれか早く到達する日に消滅時効が完成することになります。改正民法では、無断増改築がなされた当時は地主がその事実を知らなかったとしても、それから１年後に地主が無断増改築の事実を知った場合には、その知った時から５年間、つまりこのケースでいえば、無断増改築の時から６年経過すると無断増改築等を理由とする解除権は時効で消滅してしまうことになります。

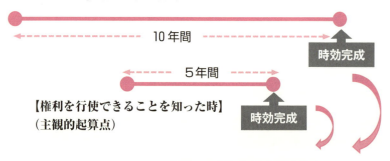

　ところで、無断増改築の場合の解除権や、不当利得・不法行為・事務管理等のような契約に基づく債権ではない場合は、客観的起算点と主観的起算点とはズレを生じる場合があります。売買代金債権や賃料債権のような契約に基づく債権は、債権者は、債権の発生と弁済期の到来の事実は、その事実の発生時に知ることになりますので、直ちに債権を行使できることを知ることになり、契約に基づく債権は原則として客観的起算点と主観的起算点は一致します。

したがって、実務的には、改正民法では、契約に基づく債権は、原則として、消滅時効期間は10年から５年に短縮されたものというに等しいことになります。売買代金債権や賃料債権の債権管理を行う場合には、この点をよく踏まえておく必要があります。

❸　商事債権の５年の消滅時効制度の廃止

　商法に定められていた商事債権についての５年の消滅時効（商法第522条）は廃止されます。現代社会において、民事債権と商事債権の消滅時効期間を別々に規律することは適切ではないとの考え方に基づくものです。

　したがって、改正民法のもとでは、商事債権である会社間取引により発生した債権についても消滅時効については民法に一本化され、商法に基づく商事債権独自の消滅時効制度は廃止されることになるので注意が必要です。

❹　職業別短期消滅時効の廃止

　改正前民法では、上記の消滅時効に関する原則のほか、職業別に特別の短期消滅時効が定められています。たとえば、工事の設計・施工・管理等の債権は、消滅時効期間は３年、小売商人の売却した商品代金は１年とする等の特別の時効期間の定めがなされています。これらの職業別短期消滅時効の規定は改正民法では削除され、いずれも「権利を行使することができるときから10年間」「権利を行使できることを知ったときから５年間」の規定が適用されることになります。

【職業別短期消滅時効の廃止（改正前民法第170条〜174条までを削除）】

債権の種別	時効の起算点	時効期間
一般の民事債権	支払期日の翌日	10年
一般の商行為に基づく債権	同　上	５年
工事の設計・施工等の債権（請負代金債権）	工事終了日	３年

11

生産者、卸売り商人、小売商人等の商品売却代金	支払期日の翌日	2年
宿泊料・飲食店の債権（旅館・ホテル・喫茶店等）	同 上	1年
運送賃に係る債権（運送業者・運送取扱人等）	同 上	1年
動産の損料に関する債権（貸衣装・レンタカー等）	同 上	1年

一律に権利を行使することができる時から10年、権利を行使できることを知った時から5年になる。

5 定期給付金債権短期消滅時効の廃止

改正前民法では、上記の職業別債権の短期消滅時効のほかに、定期給付金債権の短期消滅時効の制度が存在していました。

【改正前民法第169条】

年又はこれより短い期間によって定めた金銭その他の物の給付を目的とする債権は、5年間行使しないときは、消滅する。

⑴ 賃貸借契約に基づく賃料債権の消滅時効期間

賃貸借契約における賃料債権は、改正前民法第169条に定める定期給付金債権に該当するため、一般の消滅時効期間である権利を行使することができる時から10年間ではなく、5年間の消滅時効期間に限るものと解されてきましたが、改正民法では、改正前民法第169条を削除しています。したがって、賃料債権は、改正民法のもとでは定期給付金としての短期消滅時効によるのではなく、一般の債権の消滅時効期間である、権利を行使することができる時から10年間、権利を行使できることを知った時から5年間の経過により消滅時効が完成することになります。

しかしこのことは、改正民法のもとでは賃料債権の消滅時効期間が従来の

5年間から10年間に伸張されることを意味するのではありません。先に述べたとおり、賃料債権等の契約に基づく債権は、客観的起算点である「権利を行使することができる時」と、主観的起算点である「権利を行使できることを知った時」は原則として一致するからです。したがって、改正民法のもとでは、賃料債権は、弁済期が到来した時から原則として5年間で消滅時効が完成すると考えています。

(2) マンションの管理費等の債権の消滅時効期間

　これまでマンションの管理組合が各区分所有者に対して有する管理費、特別修繕費に係る債権の消滅時効期間は、管理等の債権は、管理規約の規定に基づいて、区分所有者に対して発生するものであり、その具体的な額は管理組合総会の決議によって確定し、月毎に支払われるものであるときは、一般の消滅時効期間である権利を行使することができる時から10年間ではなく、改正前民法第169条に定める定期給付金債権に該当し、5年間行使しないときは時効により消滅すると解されてきました（最判平成16年4月23日）。しかし改正民法では、定期給付金債権にかかる改正前民法第169条が削除されています。その結果、マンションの管理等の債権は、改正民法における一般の消滅時効期間である、権利を行使することができる時から10年間、権利を行使することができることを知った時から5年間の規定に従うことになります。もっとも、管理費等の債権は、管理規約の規定に基づき発生し、その具体的な額は管理組合総会の決議によって確定するものであるから、管理規約や管理組合総会決議については、管理組合は知悉していることからすると、管理組合は権利を行使することができる時に、同時に、権利を行使することができることを知ったとみられる場合がほとんどだと思われます。

6 協議による時効の完成猶予

　改正民法では、時効期間満了が近くなり、時効の完成を阻止するには訴えを提起せざるを得ないという場合に、「当事者間で権利に関する協議を行う旨の書面又は電磁的記録による合意」があった場合に時効の完成を猶予させる制度が新設されます。

⑴　**協議による時効の完成猶予**

　改正前民法では、債権が発生し弁済期が到来すると時効が進行しますが、時効の完成間近となって、このままでは債権が消滅時効により消滅してしまうという事態にいたった時に、当事者間で、時効の対象となる権利について、協議をしたとしても、債務者が債務の承認をしない限りは、時効は進行し、時効期間を経過すると時効の完成により債権は消滅します。

　しかし、改正民法では、時効完成前に、権利についての協議を行う旨の合意が書面でなされたときは、❶その合意があったときから１年間、❷その合意で協議を行う期間を定めた時はその期間（１年未満に限る）、❸相手方に対し協議の続行を拒絶する旨の通知が書面でされたときから６か月を経過したとき、のいずれか早い時までの間は、時効は完成しないものとされました。

【改正民法第151条（協議を行う旨の合意による時効の完成猶予）第１項】

　権利についての協議を行う旨の合意が書面でされたときは、次に掲げる時のいずれか早い時までの間は、時効は、完成しない。

一　その合意があった時から１年を経過した時

二　その合意において当事者が協議を行う期間（１年に満たないものに限る。）を定めたときは、その期間を経過した時

三　当事者の一方から相手方に対して**協議の続行を拒絶する旨の通知**が書面でされたときは、その**通知の時から６箇月を経過した時**

⑵　**再度の合意の可否**

　それでは、債権について協議する旨を書面等で合意したものの、１年又は約定の協議期間の満了が近くなっても話し合いがまとまりそうにない時には、時効を阻止するためには訴訟を提起しなければならないのか、といえば決してそうではありません。改正民法では、協議を行う旨の再度の合意をすることも認められています。協議を行う旨の合意をすることによって、最長５年間は時効の完成猶予を得ることが可能です。

> **【改正民法第151条（協議を行う旨の合意による時効の完成猶予）第2項】**
> 2　前項の規定により時効の完成が猶予されている間にされた**再度の同項の合意**は、同項の規定による時効の**完成猶予の効力を有する**。ただし、その効力は、時効の完成が猶予されなかったとすれば時効が完成すべき時から通じて5年を超えることができない。

⑶　催告による完成猶予との関係

　民法は、時効の完成を阻止する制度としては、訴えの提起のほかに「催告」を定めています。

> **【改正民法第150条（催告による時効の完成猶予）】**
> 　催告があったときは、その時から6箇月を経過するまでの間は、時効は、完成しない。
> 2　催告によって時効の完成が猶予されている間にされた再度の催告は、前項の規定による時効の完成猶予の効力を有しない。

　それでは、協議を行う旨を書面で合意し、時効の完成が1年間猶予された際に、その1年の猶予期間が到来間近となったので、催告により6か月間、さらに時効の完成猶予の効果を得ることは可能なのでしょうか。また当初の時効期間を催告により6か月間の完成猶予の効果を得た後、その6か月の期間が到来間近となったので、協議による時効完成猶予を受けることは可能なのでしょうか。仮にこれらが認められれば、時効により債務を免れようとする者には便宜であるかもしれませんが、改正民法ではこれは認められていません。

> **【改正民法第151条（協議を行う旨の合意による時効の完成猶予）第3項】**
> 3　催告によって時効の完成が猶予されている間にされた第1項の合意は、同項の規定による時効の完成猶予の効力を有しない。同項の規定により時効の完成が猶予されている間にされた催告についても、同様とする。

要するに、催告による時効完成猶予と、協議による時効の完成猶予は相互に組み合わせることは一切認められていないのです。このことに留意しておく必要があります。

7　改正民法の適用関係

　改正民法は何時から適用されるかということについては、原則として、改正民法の施行期日（2020年4月1日）以降に発生した債権から適用されることになります。注意すべきことは、時効や債務不履行責任に関しては、改正民法の施行期日（2020年4月1日）以降に発生した債権であっても、その原因である法律行為（契約等）が施行日前にされたときは改正前民法が適用されると定められていることです（改正民法附則第10条、同第17条）。

【改正民法附則第10条（時効に関する経過措置）】

　施行日前に債権が生じた場合（施行日以後に債権が生じた場合であって、その原因である法律行為が施行日前にされたときを含む。以下同じ。）におけるその債権の消滅時効の援用については、新法第145条の規定にかかわらず、なお従前の例による。

2　施行日前に旧法第147条に規定する時効の中断の事由又は旧法第158条から第161条までに規定する時効の停止の事由が生じた場合におけるこれらの事由の効力については、なお従前の例による。

3　新法第151条の規定は、施行日前に権利についての協議を行う旨の合意が書面でされた場合（その合意の内容を記録した電磁的記録（新法第151条第4項に規定する電磁的記録をいう。附則第33条第2項において同じ。）によってされた場合を含む。）におけるその合意については、適用しない。

4　施行日前に債権が生じた場合におけるその債権の消滅時効の期間については、なお従前の例による。

【改正民法附則第17条（債務不履行の責任等に関する経過措置）】

　施行日前に債務が生じた場合（施行日以後に債務が生じた場合であって、その原因である法律行為が施行日前にされたときを含む。附則第25条第1項において同じ。）におけるその債務不履行の責任等については、新法第412条第2項、第412条の2から第413条の2まで、第415条、第416条第2項、第418条及び第422条の2の規定にかかわらず、なお従前の例による。

2　新法第417条の2（新法第722条第1項において準用する場合を含む。）の規定は、施行日前に生じた将来において取得すべき利益又は負担すべき費用についての損害賠償請求権については、適用しない。

3　施行日前に債務者が遅滞の責任を負った場合における遅延損害金を生ずべき債権に係る法定利率については、新法第419条第1項の規定にかかわらず、なお従前の例による。

4　施行日前にされた旧法第420条第1項に規定する損害賠償の額の予定に係る合意及び旧法第421条に規定する金銭でないものを損害の賠償に充てるべき旨の予定に係る合意については、なお従前の例による。

　したがって、改正民法施行前に建物賃貸借契約を締結し、改正民法施行後に賃貸借契約が終了し、敷金返還請求権の行使が行われる場合、敷金返還請求権が具体的に発生するのは、改正民法施行後に賃貸借が終了し、賃借人が賃貸目的物を明け渡した時ですが、敷金返還請求権の原因となる法律行為（賃貸借契約の締結）が施行日よりも前になされていることから、当該敷金返還請求権の消滅時効は、改正前民法によることになります。

❸ 法定利率に対する改正（固定利率から変動する固定利率へ）

1 法定利率を固定利率から変動する固定利率へ

　改正前民法は法定利率を年5％と定め、経済情勢の変動にもかかわらず、法定利率は変動しないものとする固定利率制を採用してきました。しかしながら、低金利時代が長期間に及び、法定利率が年5％では金融機関の金利等と比較しても高すぎると指摘されるようになってきました。実際に運用不可能な利率を民法の法定利率とすることへの問題点が注目されるようになりました。そこで、法定利率も経済情勢の変動に合わせるべきである等の意見を受け、法定利率を現在の固定利率制度から変動する固定利率制度に見直すことになったものです。

2 改正民法の採用する変動利率制

　ただし、法定利率を経済情勢の変動にあわせるといっても、市場金利の変動するたび、頻繁に法定利率が変動することになると、一般国民にとっては債権の管理が困難になり却って不都合を生ずることも懸念されます。また貸金業界などにおいては、債権の利息は約定利率が用いられており法定利率が適用されることはほとんどありませんし、それ以外の局面で法定利率が頻繁に変更されることは却ってマイナスが多いとも考えられます。

　そこで、改正民法では、契約期間中に市場金利が変動するたび、適用される法定利率が変動するという、文字どおりの変動利率制は採用されませんでした。改正民法は、「その利息が生じた最初の時点」における法定利率を適用し、以後はその利率がそのまま維持されます。改正民法のもとでは、法定利率自体は経済情勢によって変動しますが、適用される法定利率は利息を発生させる最初の時点の法定利率で固定されることになります。その意味では、正確にいえば「緩やかな自動変動型固定利率制」といえましょう。

　新しい民法では、変動利率制度について、以下のとおり定められています。

【改正民法第404条（法定利率）】

　利息を生ずべき債権について別段の意思表示がないときは、その利率は、その利息が生じた最初の時点における法定利率による。

2　法定利率は、年3パーセントとする。

3　前項の規定にかかわらず、法定利率は、法務省令で定めるところにより、3年を1期とし、1期毎に、次項の規定により変動するものとする。

4　各期における法定利率は、この項の規定により法定利率に変動があった期のうち直近のもの（以下この項において「直近変動期」という。）における基準割合と当期における基準割合との差に相当する割合（その割合に1パーセント未満の端数があるときは、これを切り捨てる。）を直近変動期における法定利率に加算し、又は減算した割合とする。

5　前項に規定する「基準割合」とは、法務省令で定めるところにより、各期の初日の属する年の6年前の年の1月から前々年の12月までの各月における短期貸付けの平均利率（当該各月において銀行が新たに行った貸付け（貸付期間が1年未満のものに限る。）に係る利率の平均をいう。）の合計を60で除して計算した割合（その割合に0.1パーセント未満の端数があるときは、これを切り捨てる。）として法務大臣が告示するものをいう。

☞ポイント！

❶　改正民法施行当初の法定利率は年3％とする。

❷　以後3年毎に法定利率の見直しを行う。

❸　見直しの方法は、過去5年間（60か月）の短期貸付利率の平均利率を算出し、その平均利率がその前の時点の平均利率と1％以上の乖離が生じたときに、乖離率の1％未満を切り捨て、1％単位で変動させる。

　要するに、改正民法のもとでは、新法施行時には年3％で法定利率はスタートし、3年毎に1％単位で変動するというものです。年2％、年4％という法

定利率はあっても、年3.5％というような小数点以下の数字を含む法定利率はありえないことになります。

3 商事法定利率の廃止

　改正前民法では、民事法定利率は年５％としていましたが、商法では、商事法定利率は年６％と定めており、民事法定利率と商事法定利率とでは異なる定めをしていました。改正民法では、変動制への移行に伴い、商事法定利率の規定を廃止することになりました。改正民法の下では、商行為に基づく債権も民法の法定利率によることになりますので、この点は注意しておく必要があります。たとえば、株式会社であるＡ社とＢ社との間で事業用貸ビルの賃貸借契約が締結された場合、仮に賃貸借契約書には賃料の支払いを遅延した場合の遅延損害金の料率を合意していなかった場合、改正前民法の下では、株式会社間の取引には商法に定める商事法定利率が適用されますので、未払賃料につき年６％の遅延損害金を請求することが可能でありますが、改正民法の下では商事法定利率が廃止され、民法の定める「変動する固定利率」が適用されます。このため改正民法が施行される2020年４月１日から少なくとも2023年３月31日までは年３％の遅延損害金を請求できることになります。

4 法定利率の改正の実務への影響

　今回の改正は法定利率についてのものですが、不動産売買契約や不動産賃貸借契約など実際に使用する不動産取引契約において、売買代金や賃料の支払いが遅れた場合の遅延損害金について、遅延損害金の率を契約で定めている場合には、法定利率ではなく、契約で定めた約定利率が適用されるため今回の法改正の影響を受けることはないものと考えられます。ただし、不動産売買契約や不動産賃貸借契約に、売買代金や賃料の支払いが遅れた場合に、何パーセントの割合で遅延損害金を請求するかを定めていない場合には、遅延損害金は法定利率で計算することになります。改正前民法では、何時発生した遅延損害金であれ、その利率は年５％で計算すればよかったのですが、改正民法ではそれぞれの債権が遅滞に陥った時期の法定利率を用いることになります。

したがって、ある時期に複数の債権が存在する場合、それぞれの債権に適用する法定利率が異なるということがあり得ます。不動産売買契約や不動産賃貸借契約の際に、万一、売買代金や賃料の支払いが遅れた場合に適用する利率を約定しておけば、そのような問題を生じることがなくなります。契約書には必ず約定利率を合意しておくことが重要になります。

第4章 不動産取引契約に適用される主な総論的な規定

不動産取引契約に適用される総論的な改正事項としては、少なくとも以下の4点を検討する必要があります。

❶ 契約自由の原則の明文化

> ☞ポイント！
> 現行民法には、「契約自由の原則」についての定めがない。

意外に思われるかもしれませんが、改正前民法には、契約に関する大原則のひとつである「契約自由の原則」についての明文の定めがありません。契約自由の原則とは、契約を締結するか、しないかは当事者の意思の自由に任されるし、誰と契約を締結するのか、契約の内容をどのようなものにするかも、当事者の自由意思によって決定されるとする近代法の原則のひとつです。

改正民法では、この当然ともいえる原則が民法に明文化されていなかったため、この原則を民法典に簡明に規律することとしました。改正民法第521条の

定めがこれに当たります。

> **【改正民法第521条（契約の締結及び内容の自由）】**
>
> 　何人も、法令に特別の定めがある場合を除き、契約をするかどうかを自由に決定することができる。
>
> 　2　契約の当事者は、法令の制限内において、契約の内容を自由に決定することができる。

　契約自由の原則が新たに民法典に明記されたことにより、従来の実務が大きく変わるわけではないと考えられます。改正前民法の解釈において契約自由の原則は私法における当然の原則として考えられてきたからです。

　当然ながら、契約自由の原則が認められるからといって、対等な当事者間において締結された契約は全て有効ということになるわけではありません。契約自由の原則は認められるものの、例外として、❶公序良俗違反（民法第90条）、❷強行規定違反については、相変わらずその合意が無効とされているからです。

　もっとも、改正民法のもとでは、たとえば後述の売買契約における契約不適合責任の場合のように、「引き渡された目的物が種類、品質に関して契約の内容に適合しないとき」に、売主の責任が発生するものとされ、当事者が目的物の種類、品質に関して契約の内容をどのように合意したかにより、責任の有無及び内容が異なることも想定され、改正民法の下では、より契約重視の方向性が読み取れるものと思われます。

❷ 契約の成立時期に関する改正 ・・・・・・・・・・・

◼ 契約の成立時期に関する原則的な規定の創設

　契約は、申込みの意思表示に対して承諾の意思表示がなされれば成立するというのが伝統的な契約の理論です。意思表示の一般原則にしたがえば、意思表示は相手方に到達したときに効力を生じる（改正前民法第97条）とする到達主義が原則とされていますが、改正前民法第526条は、「隔地者間の契約は、承諾

の通知を発した時に成立する。」という発信主義を採用していました。

　これに対し、改正民法は、契約の成立時期につき次のように定めています。

【改正民法第522条（契約の成立と方式）第1項】
　契約は、契約の内容を示してその締結を申し入れる意思表示（以下「申込み」という。）に対して相手方が承諾をしたときに成立する。

　改正民法では、契約の成立時期については発信主義としていた改正前民法第526条を削除しました。これにより、改正民法の下では、契約は承諾の意思表示についても到達主義がとられることになり、契約の申込み、承諾の意思表示ともに到達主義で一本化されることになりました。

② 諾成契約の原則の明記

　さらに、改正民法では契約の方式についても次のような原則規定を設けています。

【改正民法第522条（契約の成立と方式）第2項】
　2　契約の成立には、法令に特別の定めがある場合を除き、書面の作成その他の方式を具備することを要しない。

　改正民法では、契約は法令に特別の定めがない限り口頭で成立するという、いわゆる「諾成契約の原則」を明記しています。

③ 申込みの意思表示の撤回の可否

　契約は、前述のとおり、原則として、申込みの意思表示に対して承諾の意思表示がなされれば成立します。契約の申込みの意思表示がなされた場合に、相手方がこれに対し直ちに承諾の意思表示を発すれば問題はありません。しかし、申込みの意思表示をした後、承諾期間内ではありますが、相当の期間が経過した後に承諾の意思表示がなされることもあり得ます。相手方から承諾の意思表示がなされるまでの間に相当の期間を経過した場合には、承諾期間内ではあっても、速やかに承諾をもらえなかったから、申込みは撤回するとの通知が

なされてトラブルを生ずることもあり得ます。

　たとえば、建物賃貸借契約の締結交渉を行う場合に、テナント募集の広告を見たテナント希望者から承諾期間を定めた貸室の入居申込書が届きましたが、オーナー側からはその後速やかに承諾の意思表示がなかったので、承諾の期間が到来はしていないものの、テナント希望者がオーナーに対し、貸室申込を撤回する旨を通知し、オーナーがそれにもかかわらず、テナント候補から通知された承諾の期間は経過していないとして承諾の回答をした場合に、それでも賃貸借契約は成立するのか、テナント希望者は撤回通知をしたので申込みの効力は失われているといえるのではないかという問題が生じます。

　この点については、承諾の期間を定めた契約締結の申込みと、承諾の期間の定めのない申込みとで規律が異なっていますが、改正民法ではこの点に関するルールが一部変更されているので注意する必要があります。

4　承諾の期間を定めた申込みの撤回

　改正前民法では、「承諾の期間を定めてした契約の申込みは、撤回することができない。」と定めています（改正前民法第521条）。

　これに対し、改正民法では、次のように変更されました。

> **【改正民法第523条（承諾の期間の定めのある申込み）第1項】**
> 　承諾の期間を定めてした契約の申込みは、撤回することができない。ただし、申込者が撤回をする権利を留保したときは、この限りでない。

　改正前民法の規定は、承諾期間を定めた申込みをしていながら、承諾期間中に申込者が申込みを撤回することはないとの前提で規定されており、承諾の可否を検討している承諾者側が、突然、申込みを撤回されれば不測の損害を被ることになるので、改正前民法は、かかる不都合を回避するために設けられたものと考えられます。そうであるとすると、申込みの際に、承諾期間中に撤回の可能性があることがあらかじめ明らかにされているのであれば、撤回を認めても不都合はないと考えられます。

　改正民法は、このような考え方から、契約の申込みの際に、この申込みは撤

25

回できることが相手方に明らかにされている場合には、申込みの撤回を禁止することまでは必要がないとの考え方によるものです。

したがって、テナント希望者から承諾期間を定めた貸室の入居申込書が届きましたが、オーナー側からはその後速やかに承諾の意思表示がなかったので、承諾の期間が到来はしていないものの、テナント希望者がオーナーに対し貸室申込を撤回する旨を通知し、オーナーがそれにもかかわらず、テナント候補から通知された承諾の期間は経過していないとして承諾の回答をした場合には、貸室申込を撤回するとの通知と、オーナーからの承諾の通知のいずれが早く相手方に到達したかにより、申込みの撤回か、契約の成立かの結論が分かれることになります。

5 承諾期間内に承諾が届かなかった場合の改正

また、改正前民法では、承諾期間経過後に承諾の通知が届いた場合、通常の場合にはその期間内に到達すべき時に発送したものであることを知ることができるときは、申込者は、遅滞なく、相手方に対して、承諾が遅れて届いた旨の通知を発する義務を課しており、この通知をしなかった場合には、契約が成立したものとみなすと定めています（改正前民法第522条）。

しかし、改正民法では、この規定は削除されています。そのうえで、改正民法では、「申込者が前項の申込みに対して同項の期間内に承諾の通知を受けなかったときは、その申込みは、その効力を失う。」（改正民法第523条第2項）と定め、承諾期間を定めた申込みがなされた場合は、承諾期間内に契約に応じる旨の通知が届かない限り、契約は成立しないとのルールに統一されています。

6 承諾の期間を定めていない場合の申込みの撤回

改正前民法は、「承諾の期間を定めないで隔地者に対してした申込みは、申込者が承諾の通知を受けるのに相当な期間を経過するまでは、撤回することができない。」（改正前民法第524条）と定めています。

これに対し、改正民法では、改正前民法第524条の規定を、次のように変更しています。

> **【改正民法第525条（承諾の期間の定めのない申込み）】**
> 承諾の期間を定めないでした申込みは、申込者が承諾の通知を受けるの
> に相当な期間を経過するまでは、撤回することができない。ただし、申込
> 者が撤回をする権利を留保したときは、この限りでない。
> 2　対話者に対してした前項の申込みは、同項の規定にかかわらず、その
> 　対話が継続している間は、いつでも撤回することができる。
> 3　対話者に対してした第1項の申込みに対して対話が継続している間に
> 　申込者が承諾の通知を受けなかったときは、その申込みは、その効力を
> 　失う。ただし、申込者が対話の終了後もその申込みが効力を失わない旨
> 　を表示したときは、この限りでない。

　ここでも、「申込者が撤回をする権利を留保したときは、この限りでない。」
との規定が設けられており、改正民法では、当事者の意思表示により契約の成
否を決定できることが明らかにされています。

　ただし、会社間の取引など商法が適用される契約の成立時期については、商
法第508条第1項は、「商人である隔地者の間において承諾の期間を定めないで
契約の申込みを受けた者が相当の期間内に承諾の通知を発しなかったときは、
その申込みは、その効力を失う。」と定めており、同条項は民法改正にかかる
整備法においても変更されていないので、注意を要します。

7　賃貸借契約の承諾の遅延の場合の取扱い

　改正民法による契約の成立に関する規定をまとめると、建物賃貸借契約の締
結交渉を行う場合に、テナント希望者から貸室の入居申込書が届きましたが、
オーナー側が相当の期間を経過した後に承諾の回答をした場合に、それでも賃
貸借契約は成立するのかという問題については、承諾期間を定めた申込みで
あったか否かにより異なります。

⑴　承諾期間を定めた貸室申込

　承諾期間を定めた申込みであった場合には、改正民法では、「申込者が前
項の申込みに対して同項の期間内に承諾の通知を受けなかったときは、その

申込みは、効力を失う。」（改正民法第523条第2項）との定めにより、承諾期間を超えて承諾がなされた場合には賃貸借契約は成立しません。改正前民法第522条は削除されているので、「通常の場合にはその期間内に到達すべき時に発送したもの」であるか否かを問いません。ただし、「申込者は、遅延した承諾を新たな申込みとみなすことができる。」（改正民法第524条）とされており、この点は改正前民法第523条と同じ規律ですが、この規定により、テナント希望者は、オーナーからの承諾期間を超えた承諾を賃貸借契約の申込みと看做して、これに承諾すれば、賃貸借契約は成立することになります。

⑵ 承諾期間を定めない貸室申込

承諾期間を定めない貸室申込の場合は、改正民法第525条第1項において「承諾の期間を定めないでした申込みは、申込者が承諾の通知を受けるのに相当な期間を経過するまでは、撤回することができない。ただし、申込者が撤回をする権利を留保したときは、この限りでない。」と定められており、この傍線部分は改正民法で追加された部分です。

❸ 債務不履行を理由とする契約の解除の要件に関する改正

1 債務者の責めに帰すべき事由は不要に

改正前民法は、債務者が債務の不履行をした場合に、損害賠償においても契約の解除においても、いずれも債務者の責めに帰すべき事由が認められることがその要件とされてきました。これに対して、改正民法では、契約解除の場合と損害賠償の場合で、要件の一部を異にし、契約の解除については、債務者の帰責事由を解除の要件とすることを見直し、債務者の責めに帰すべき事由の有無にかかわらず契約の解除を認めるものと改めることとなったのです。

その理由は、解除制度の意義が見直されたことにあります。改正前民法は、契約の解除は、契約を履行しなかった債務者に対するペナルティ（制裁）と位置づけており、制裁を課するには当該債務者の責めに帰すべき事由が必要であ

ると考えられてきました。これに対し、改正民法は、解除制度の位置づけを、履行されない契約に債権者がいつまでも拘束されることは不都合であることから、履行されない契約から債権者を解放する制度が契約の解除であるとする位置づけに変更しました。その結果、解除という制度を、債務を履行しなかった債務者に帰責事由が認められる場合の制裁として位置づけるのではなく、債務の履行を受けられない債権者を契約の拘束から解放するための制度と位置づけを変更することにしたのです。このため、改正民法のもとでは、債務者に責に帰すべき事由がない場合であっても、債権者は契約を解除することが可能となりました。

　なお、法制審議会における民法改正案の審議の過程では、契約の解除は、契約の重大な不履行があった場合に解除できるものとし、重大な不履行があった以上、催告をすることに意味はなく、無催告での解除が認められるべきであるとして、催告解除と無催告解除を区別しないという考え方が提案されましたが、結論として、解除ができるのは重大な不履行があった場合に限るべきだとの議論は採用されませんでした。

❷　催告解除と無催告解除はどのような場合にできるか

　改正民法では、催告解除ができる場合と、無催告解除ができる場合の要件を整備しています。

⑴　催告解除が認められる要件

　改正民法では、催告解除については、相当期間を定めて催告したにもかかわらず、債務の履行がなされない場合には、原則として、契約を解除できる旨を定めていますが、ただし書として、催告期間が経過した後の債務不履行状態が、契約の内容や取引上の社会通念に照らして軽微であるときは解除できないとの規定を設けています。

【改正民法第541条（催告による解除）】

　当事者の一方がその債務を履行しない場合において、相手方が相当の期間を定めてその履行の催告をし、その期間内に履行がないときは、相

29

手方は、契約の解除をすることができる。ただし、その期間を経過した時における債務の不履行がその契約及び取引上の社会通念に照らして軽微であるときは、この限りでない。

「軽微」の意味は、❶数量的にわずかの不履行である場合や、❷付随的な債務の不履行に過ぎない場合、ということ等です。これは債務の不履行が軽微なものに止まるときは、債権者は損害賠償等の救済手段をとるべきであって、契約の解除までは認めるべきではないという改正民法の考え方に基づくものです。

⑵ **無催告解除が認められる要件**

改正民法では、契約の全部を無催告で解除できる場合と、契約の一部を無催告で解除できる場合の要件を明確にしています。

☞ **ポイント！**

❶ 契約の全部を無催告で解除できる場合

　ア　債務の全部の履行が不能であるとき

　イ　債務者が債務の全部の履行を拒絶する意思を明確に表示したとき

　ウ　残存する部分のみでは契約をした目的を達することができないとき

　エ　特定の日時または一定の期間内に履行しなければ契約の目的を達することができない場合に、その時期を経過したとき

　オ　催告をしても契約をした目的を達するのに足りる履行がされる見込みがないとき

❷ 契約の一部を無催告で解除できる場合

　ア　債務の一部の履行が不能であるとき

　イ　債務者が債務の一部の履行を拒絶する意思を明確に表示したとき

⑶ **実務に与える影響**

現行法のもとでも、帰責事由が認められないために契約の解除を認めないとした裁判例はほとんどなく、この点に関する実務的な影響は少ないと考え

られますが、債務不履行が「契約の内容や取引上の社会通念に照らして軽微」であるときは解除できないとの規定が設けられたことには注意すべきです。不動産取引契約において、当該債務不履行が「軽微」であるか否かは明確ではなく、争いが生ずる余地があります。

　不動産売買契約における売買代金支払義務のような契約における本質的な債務の不履行は、一般的には軽微なものとはいえませんが、契約における付随的な義務の場合、たとえば、境界確認合意書の交付義務を遅延した場合に、引渡し・移転登記の履行の提供はなされた場合でも契約の解除ができるのかなど、何が軽微であるかについては、立場により認識が異なることは十分あり得ます。解除の有効性についての紛争を防止するため、解除事由を可能な限り具体的に契約書に規定しておくことが必要であると考えられます。

❹ 改正民法の定める定型約款と不動産取引契約のひな型

1 定型約款に関する規定の新設

　現代の取引社会においては、明治時代の取引社会とは大きく変化し、大量の取引を迅速かつ効率的に行うため、契約約款による取引が広く行われています。しかし、改正前民法は明治時代に制定されたものであるため、契約約款に関する定めが存在しません。そこで、契約約款を用いた取引の法的効力を明確にすると同時に約款の他方当事者の正当な利益を保護すること等の見地から、契約約款の拘束力等に関する定めが改正民法に設けられることとなりました。

　しかし、契約約款のすべてが規制されることについては経済界からの消極的な意見が述べられ、結論として、契約約款のうち「定型約款」といわれる「定型取引」に用いられるものについてのみ規制されることになりました。「定型約款」と「定型取引」の定義は次のとおりです。

【改正民法第548条の2（定型約款の合意）第1項】

　定型取引（ある特定の者が不特定多数の者を相手方として行う取引であって、その内容の全部又は一部が画一的であることがその双方にとって合理的なものをいう。以下同じ。）を行うことの合意（次条において「定型取引合意」という。）をした者は、次に掲げる場合には、定型約款（定型取引において、契約の内容とすることを目的としてその特定の者により準備された条項の総体をいう。以下同じ。）の個別の条項についても合意をしたものとみなす。

　一　定型約款を契約の内容とする旨の合意をしたとき。
　二　定型約款を準備した者（以下「定型約款準備者」という。）があらかじめその定型約款を契約の内容とする旨を相手方に表示していたとき。

【定型約款と定型取引の定義】

定型約款	定型取引において、契約の内容とすることを目的としてその特定の者により準備された条項の総体をいう。
定型取引	ある特定の者が不特定多数の者を相手方として行う取引であって、その内容の全部又は一部が画一的であることがその双方にとって合理的なものをいう。

改正民法では、定型取引を行う合意をした者は、

☞ポイント！

❶　定型約款を契約の内容とする旨の合意をしたとき
❷　定型約款を準備した者があらかじめその定型約款を契約の内容とする旨を相手方に表示していたとき

のいずれかの場合には、定型約款の個別の条項についても合意をしたものとみなす旨の規定が設けられました。

【改正民法第548条の2（定型約款の合意）第2項】

2　前項の規定にかかわらず、同項の条項のうち、相手方の権利を制限
　し、又は相手方の義務を加重する条項であって、その定型取引の態様及
　びその実情並びに取引上の社会通念に照らして第1条第2項に規定する
　基本原則に反して相手方の利益を一方的に害すると認められるものにつ
　いては、合意をしなかったものとみなす。

　改正民法の定型約款の規定は、当事者の一方が定型約款の個別の条項につい
ては認識していなくても合意をしたものとみなされるものですが、定型約款の
個別の条項のうち、「相手方の権利を制限し、又は相手方の義務を加重する条
項であって、その定型取引の態様及びその実情並びに取引上の社会通念に照ら
して信義則に反して相手方の利益を一方的に害すると認められるもの」につい
ては、合意をしなかったものとみなす旨を定めています。定型約款は、当事者
が個別の条項について認識していない場合でも契約の拘束力を及ぼすものです
から、いわゆる不当条項や契約の趣旨等に照らし不意打ちとなるような条項で
相手方の利益を一方的に害する条項では拘束力を及ぼすことはできないことを
明確にしたものです。

　類似の条文が消費者契約法第10条にありますが、消費者契約法が事業者対消
費者間の契約、すなわち「B to C」の契約に適用されるものであるのに対し、
改正民法の定型約款の規定は、当事者が消費者であるか事業者であるかによっ
て区別しておらず、改正民法は「B to C」の契約のみならず、事業者間で締
結される、いわゆる「B to B」の契約にも適用されます。

　したがって、定型約款に関する規定が、不動産売買契約書や不動産賃貸借契
約書のひな型にも適用されるとすれば、「B to B」の事業者間で行われる不動
産売買契約書や、貸ビル経営等におけるテナントとの間の不動産賃貸借契約書
においても、「相手方の権利を制限し、又は相手方の義務を加重する条項で
あって、その定型取引の態様及びその実情並びに取引上の社会通念に照らして
信義則に反して相手方の利益を一方的に害すると認められるもの」について
は、合意の効力が否定されることになります。そこで、不動産取引に関する契

33

約書のひな型についても定型約款に該当するのかということが問題となります。

② 不動産取引に関する契約ひな型は定型約款に該当するか？

改正民法の定める「定型約款」とは、「定型取引において、契約の内容とすることを目的としてその特定の者により準備された条項の総体をいう。」と定義されており、「定型取引」とは、「ある特定の者が不特定多数の者を相手方として行う取引であって、その内容の全部又は一部が画一的であることがその双方にとって合理的なものをいう。」とされています。「不特定多数」とは、「不特定又は多数」の意味ではなく、「不特定かつ多数」の意味です。

考えるに、たとえば、インターネット上の取引などは、取引相手がだれであれ、インターネットを通じて申し込む者と取引を成立させるから、まさに不特定かつ多数の者を相手方として行う契約です。定型約款に該当するものとしては、銀行取引約款、保険約款、運送約款、宿泊契約約款等を挙げることができます。これに対し、不動産取引契約は、不動産売買契約であれ、不動産賃貸借契約であれ、相手方を選ばずに行われることはありません。売主、貸主は、いずれも相手方の職業、経済状態、信用等を考慮したうえで契約を締結します。不動産取引に限らず、いわゆる「B to B」の取引は、ほとんどの場合が、取引相手の個性に着目してなされており、この場合には『不特定多数の者を相手方』とすることには該当しないと考えられます（もっとも、「B to B」の取引であっても、金融機関と企業との間の預金取引等は「B to B」取引ではありますが、「不特定多数」の取引に該当するであろうと思われます）。

また、定型約款は「契約の内容とすることを目的としてその特定の者により準備された条項の総体」とされています。したがって、ひな型が個別の交渉により特約等を設けて修正すること等を予定している場合には、「契約の内容とすることを目的として準備された条項」に該当しないことになります。ひな型に「特約条項」の欄が設けられ、個別の交渉が予定されている場合も定型約款には該当しません。実際の不動産売買契約書や不動産賃貸借契約書には特約条項の欄が設けられているものが多く、この点からも、不動産取引契約のひな型

は改正民法の定める定型約款には該当しないと考えられます。

　また、個別条項の内容が画一的であり、交渉等により修正をする余地がない場合でも、それが交渉力の格差によるものであれば、「画一的であることがその双方にとって合理的」とはいえなくなるため、やはり、定型約款には該当しないものと考えられます。

③　改正民法の定める「定型約款」のルール

　因みに、使用する契約ひな型が定型約款に該当する場合に義務づけられる内容は以下のとおりです。

(1)　定型約款の内容の表示の義務づけ

> 【改正民法第548条の３（定型約款の内容の表示）】
>
> 　定型取引を行い、又は行おうとする定型約款準備者は、定型取引合意の前又は定型取引合意の後相当の期間内に相手方から請求があった場合には、遅滞なく、相当な方法でその定型約款の内容を示さなければならない。ただし、定型約款準備者が既に相手方に対して定型約款を記載した書面を交付し、又はこれを記録した電磁的記録を提供していたときは、この限りでない。
>
> ２　定型約款準備者が定型取引合意の前において前項の請求を拒んだときは、前条の規定は、適用しない。ただし、一時的な通信障害が発生した場合その他正当な事由がある場合は、この限りでない。

　改正民法では、定型取引を行うにあたり、定型約款を契約の内容とする旨の合意をしたときや、定型約款を準備した者があらかじめその定型約款を契約の内容とする旨を相手方に表示していたときには、定型約款の個別の条項についても合意をしたものとみなす旨の規定が設けられました。定型約款がこのような効果を生じるものである以上、当然のことながら、定型約款の内容を、いつ、どのような形で表示すべきか、については問題となるところです。定型約款を使用するには、事前に定型約款を開示しておくべきだとの議論も当初はなされていましたが、最終的には、定型約款の準備者は、

> **☞ポイント！**
> ❶ 定型取引合意の前又は定型取引合意の後相当の期間内に
> ❷ 相手方から請求があった場合には
> ❸ 遅滞なく相当な方法でその定型約款の内容を示さなければならない

と定められました（改正民法第548条の3第1項本文）。もっとも、「定型約款準備者が既に相手方に対して定型約款を記載した書面を交付し、又はこれを記録した電磁的記録を提供していたときは、この限りでない。」とされています。この規定によれば、定型約款は、契約締結時において、必ずしも契約の相手方に開示しなくてもよいことになっています。

(2) 定型約款の開示請求を拒んだ場合

ただし、定型約款準備者が、定型取引合意の前において、相手方からの定型約款の内容開示の請求を拒んだときは、定型約款の個別の条項についても合意をしたものとみなす旨の規定は適用しないとされています。この場合でも、一時的な通信障害が発生した場合やその他の正当な事由がある場合は、定型約款の個別の条項についても合意をしたものとみなす旨の規定の適用は妨げられません。

(3) 定型約款の変更

定型約款は永遠不変というわけではないので、将来に事情の変化等に伴い、約款の内容を変更する必要が生ずることもあり得ます。定型約款を変更するために、個別に相手方と合意をしなければならないとすると、大変な手続きの履行を強いられることになり、定型約款を使用する妙味が失われてしまいかねません。そこで改正民法では、個別に相手方と合意をすることを要せず、定型約款の内容を変更できるルールを定めています。

> **【改正民法第548条の4（定型約款の変更）第1項】**
> 定型約款準備者は、次に掲げる場合には、定型約款の変更をすることにより、変更後の定型約款の条項について合意があったものとみなし、個別に相手方と合意をすることなく契約の内容を変更することができ

る。

一　定型約款の変更が、相手方の一般の利益に適合するとき。

二　定型約款の変更が、契約をした目的に反せず、かつ、変更の必要性、変更後の内容の相当性、この条の規定により定型約款の変更をすることがある旨の定めの有無及びその内容その他の変更に係る事情に照らして合理的なものであるとき。

【個別に相手方と合意する必要なく定型約款を変更できる場合】

☞ ポイント！

❶　定型約款の変更が、相手方の一般的な利益に適合するとき

❷　定型約款の変更が、

ア　契約をした目的に反せず

イ　変更の必要性、変更後の内容の相当性、定型約款の変更をすることができる旨の定めの有無及びその内容その他の変更に係る事情に照らして合理的なものであるとき

　このルールによると、個別に相手方と合意をすることを要せず定型約款の内容を変更できるようにするためには、定型約款の中にあらかじめ変更条項の定めがあることまでは要求されていません。ただし変更条項の有無は、変更の可否を判断する際の考慮要素のひとつとされることに留意が必要です。

【改正民法第548条の4（定型約款の変更）第2項・3項】

2　定型約款準備者は、前項の規定による定型約款の変更をするときは、その効力発生時期を定め、かつ、定型約款を変更する旨及び変更後の定型約款の内容並びにその効力発生時期をインターネットの利用その他の適切な方法により周知しなければならない。

3　第1項第二号の規定による定型約款の変更は、前項の効力発生時期が到来するまでに同項の規定による周知をしなければ、その効力を生じない。

37

定型約款の準備者は、定型約款の変更をするときは、❶その効力発生時期を定め、かつ、❷定型約款を変更する旨及び変更後の定型約款の内容並びにその効力の発生時期をインターネットの利用その他の適切な方法により周知しなければならないとされ、その周知をしなければ、変更の効力を生じないものとされています。

4 定型約款に関するQ＆A

Q 当社の経営する貸ビル賃貸借契約書は、ここ十年来、当社の統一ひな型を用いて締結しています。当社の賃貸借契約書は定型約款として改正民法の下では規制を受けるのでしょうか？

A 定型約款は、「定型取引」を行う場合に適用されるものですが、「定型取引」とは、「ある特定の者が不特定多数の者を相手方として行う取引であって、その内容の全部又は一部が画一的であることがその双方にとって合理的なものをいう。」とされています。不動産賃貸借は、相手方の入居審査を行い、合格した者とだけ締結することがほとんどだと思われますが、不特定の者を相手方としているわけではないので、定型約款には該当しないと考えられます。また、一般に賃貸借契約書には「特約事項」の欄が設けられ、個別に条件を合意することが予定されているものが多いと思います。定型約款は、「その内容の全部又は一部が画一的であること」が要件とされていますので、この点からも、こうした賃貸借契約書のひな型は定型約款には該当しないと考えられます。

Q 大手不動産業者の経営する貸ビル賃貸借契約書は、契約書の内容を変更するよう交渉しても、大手業者の標準契約であるから変更できないと言われています。このような画一的な契約ひな型は定型約款に該当するといってよいでしょうか？

A 定型約款は、「その内容の全部又は一部が画一的であることがその双方にとって合理的なものをいう。」とされています。大手業者が一方的に画一的な内容を押し付けている場合は、交渉力の差異等を原因とするもので、「画一的であることがその双方にとって合理的なもの」とはいえませんので、定型約款には該当しないと考えられます。

第5章 不動産売買契約実務に影響を与える改正項目

不動産売買契約との関係では、少なくとも、以下の5点を検討しておく必要があります。

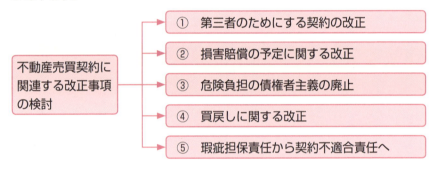

❶ 第三者のためにする契約

　不動産売買契約はA→B→Cと順次締結されましたが、登記はA→Cへと直接移転するいわゆる中間省略登記については、平成17年改正不動産登記法以降は行われなくなりましたが、改正不動産登記法のもとでも有効なA→Cへの移転登記の方法として、「第三者のためにする契約」を用いることが行われています。この方法は、不動産に関する契約はA→B→Cと順次締結されますが、A→B間の契約は第三者（上記の例ではC）のためにする契約の場合は、実体法上の所有権の移転はA→Cとなることから、実体的な所有権移転の経路と登記移転の経路が一致することになるため、かかる「第三者のためにする契約」を用いる場合にはA→Cへの直接の所有権移転登記は適法であると法務省が認めているからです。

ところで、改正前民法においては、第三者のためにする契約において、以下の２点について、直接の定めがないため、解釈上の疑義を生ずるおそれがありました。

1．現行民法には、第三者のためにする契約締結時に、第三者（受益者）が特定していることが必要か否かについての定めがない。

2．現行民法は、受益者の権利が発生した後は、第三者のためにする契約の当事者（要約者と諾約者）は、その権利の内容を変更、消滅させることができない旨の規定があるが、諾約者が債務を履行しない場合に、要約者が第三者の承諾なく、契約を解除できるかにつき、定めがない。

このため、第三者のためにする契約を締結する際に、その契約内容をどのようにするかについては、明文上は明らかでありませんでしたが、改正民法では、上記の２点を明確にする改正を行っています。

① 第三者が現存しない或は特定していない場合の規定の新設

【改正民法第537条（第三者のためにする契約）第２項】

2 前項の契約は、その成立の時に第三者が現に存しない場合又は第三者が特定していない場合であっても、そのためにその効力を妨げられない。

この規定の新設により、第三者のためにする契約は、最終的な不動産所有権の譲受人である第三者が未だ決定していない場合であっても、有効に締結することができる旨が民法の明文上明らかにされています。

② 第三者のためにする契約の解除の可否に関する規定の新設

【改正民法第538条（第三者の権利の確定）第２項】

2 前条の規定により第三者の権利が発生した後に、債務者がその第三者に対する債務を履行しない場合には、同条第一項の契約の相手方は、その第三者の承諾を得なければ、契約を解除することができない。

この規定の新設により、第三者のためにする契約は、第三者の権利が発生した後は、当該第三者の承諾を得ない限り契約を解除することはできない旨が明確にされ、第三者のための契約を締結するにあたっての疑義を解消しています。

❷ 不動産売買契約における違約金（損害賠償の予定）に関する改正 ･･････････････････････････

1 裁判所は増減変更することができないとの規定は削除された

改正前民法は、違約金については民法第420条に損害賠償の予定と推定するものとして次の規定を設けています。

【改正前民法第420条（賠償額の予定）】

　当事者は債務の不履行について損害賠償の額を予定することができる。この場合において、裁判所は、その額を増減することができない。

2　賠償額の予定は、履行の請求又は解除権の行使を妨げない。

3　違約金は、賠償額の予定と推定する。

　たとえば、不動産売買契約において、当事者の一方が契約を履行しなかった場合には、不履行をした当事者は、相手方に対し、売買代金額の20％の違約金を支払う、という契約条項がよくみられます。この条項は違約金を定めたものですので、民法第420条第3項の規定により、損害賠償の予定を合意したものと推定されることになります。

　本来、相手方の債務不履行により損害賠償を請求するには、必ず損害の発生とその額を立証しなければなりませんが、当事者が損害賠償の予定を合意すれば、相手方の債務不履行の事実を証明することにより、実際に損害が発生したか否か、また、その損害額が実際にはいくらであったか、ということを立証する必要がなく、その予定した額を請求することが可能になります。

　改正前民法では、当事者が予定した額については裁判所がその額を増減することが禁止されています。その理由は、賠償額の自由は、近代取引法に認めら

れてきた契約自由の原則の具体的な一内容であり、歴史的な意義を有するものとされてきたからです。

　改正民法では、この規定のうち、第1項の後段（上記の傍線を付した部分）が削除されています。「裁判所は、その額を増減することができない。」との規定を削除するということは、違約金の額を裁判所が増減できるということを意味します。

② 改正民法の意図

　もともと、損害賠償額の自由は確かに契約自由の原則という取引社会の基本原則を具現したものですが、ともすれば、損害賠償額の予定は、不当に巨額な賠償額を設定することによって、債務者を不当に圧迫するおそれがあると指摘されていました。このため、裁判所は、改正前民法においても、損害賠償の予定について、予定額があまりに巨額である場合には、社会的妥当性を図るため、公序良俗違反（民法第90条違反）を理由に無効であるとの理論をもって実質的には損害賠償の予定を減額させていました。

　たとえば、不動産賃貸借契約において、契約期間中の解約を禁止し、やむを得ず解約する場合は違約金として残存期間賃料相当額を支払わなければならないとする違約金条項については以下の裁判例があります。

▮▮ 参考判例

　「期間内解約における違約金は、次のテナントが入居するまでの相当期間分の賃料相当額とすべきであり、残存期間の賃料を全て違約金とすることは公序良俗に反するものとして、次のテナントが入居するまでの相当期間分の賃料相当額（一般的には1年程度）を超える部分は無効である。」
（東京地判平成8年8月22日　判タ933号155頁）

　したがって、改正前民法には「この場合において、裁判所は、その額を増減することができない。」と定められていても、裁判所は、公序良俗違反を目的とする行為は無効であるとする民法第90条の一般法理を用いて、実質的には損害賠償の予定を減額させてきたものです。

43

【改正前民法と改正民法の相違】

| 改正前民法の違約金 | 損害賠償の予定＝裁判所は増減不可
例外「公序良俗違反は無効」 |

| 改正民法の違約金 | 損害賠償の予定＝裁判所は増減可 |

　上記のように、改正前民法は、損害賠償の予定を増減不可としつつも例外を設けていますが、改正民法は、損害賠償の予定を裁判所が最初から増減可としています。今回の改正は、この裁判例と民法の文言上の齟齬がないよう調整したものと考えられますので、それほど実務的に大きな変化はないであろうと思われます。

❸ 危険負担制度の廃止と不動産売買実務への影響

１ 危険負担に関する改正前民法第534条は削除

　危険負担とは、たとえば、建物売買契約を締結した後、引渡しまでの間に、地震や類焼等の売主の責に帰すことのできない事由によって売買対象の建物が滅失してしまった場合に、その危険を売主、買主のいずれが負担するかという問題であります。売主の責に帰すことのできない事由によって売買対象の建物が滅失してしまったということは、売主の、買主に対する、建物の引渡義務が履行不能になったということであり、存在していない建物は引き渡すことが不能である以上、その引渡義務は消滅します。権利・義務は、履行が不可能であれば観念することができないからです。その場合に、買主は、売買目的物である建物の引渡しを受けることはできなくなるわけですが、その反対給付である売主に対する代金支払義務まで同時に消滅するか否かという問題が残ります。具体的には、この場合の買主は、目的物が入手できなくても売主に対し代金を支払わなければならないのか、すなわち、売買の目的物が債務者の責に帰すべ

き事由によらずに滅失した場合に、その危険を売主、買主のいずれが負担するのか、という危険負担の問題があります。改正前民法には、不動産売買契約の危険負担についての定めが第534条にあります。

【改正前民法534条（債権者の危険負担）第1項】
　特定物に関する物権の設定又は移転を双務契約の目的とした場合において、その物が債務者の責めに帰することができない事由によって滅失し、または損傷したときは、その滅失又は損傷は、債権者の負担に帰する。

　この規定の意味するところは、不動産の売買契約は「特定物に関する物権の設定又は移転を双務契約の目的とした場合」に該当するということです。物権の設定または移転を目的とする債務の債務者は、売主であり、物権の設定または移転を目的とする債権の債権者は買主です。改正前民法第534条は、その物の滅失または損傷は債権者の負担、すなわち不動産売買契約の買主が負担すると定めています。したがって、改正前民法では、売買の目的物が売主の責に帰することのできない事情により滅失または損傷した場合は、その危険は買主が負担することになります。つまり、買主は売買の目的物の移転は受けられないにもかかわらず、代金だけは売主に支払う義務があることになるのです。

　しかし、不動産取引実務の世界では、この結論は妥当性を欠くことになるとの認識が多く、ほとんどの不動産売買契約書のひな型では、こうした場合には、「買主は契約を解除できるものとする」との条項を設けているものが圧倒的に多いのです。

2　危険負担に関する改正民法の規定

　そこで、改正民法は、改正前民法第534条の規定は削除することとし、売買取引における危険負担は、改正民法第567条第1項に新たに規定を設けています。

【改正民法第567条（目的物の滅失等についての危険の移転）第1項】
　売主が買主に目的物（売買の目的として特定したものに限る。以下この条について同じ。）を引き渡した場合において、その引渡しがあった時以

45

後にその目的物が当事者双方の責めに帰することができない事由によって滅失し、又は損傷したときは、買主は、その滅失又は損傷を理由として、履行の追完の請求、代金の減額の請求、損害賠償の請求及び契約の解除をすることができない。この場合において、買主は、代金の支払を拒むことができない。

　上記のとおり、改正民法では、売買契約における危険負担は、引渡し時を基準としていますが、売買の目的物が売主の責めに帰すことができない事由により滅失または損傷した場合でも、引渡し前に滅失または損傷したのであれば、売主が危険を負担します。すなわち、これは買主が代金の支払いを拒否することができるということで、引渡し後に滅失または損傷があった場合についてのみ買主が危険を負担するという原則を明確にしていたものになっています。

　その意味においては、改正民法の結論は、現行の不動産売買契約実務における危険負担条項と結論はほぼ同じであり、改正民法の規定にあわせて、上記の場合には、「買主は代金の支払を拒むことができる。」と規定してもよいし、敢えて従来のひな型を変更しなかったとしても、実務上の不都合を生ずるとまでは考える必要はなさそうです。

④ 買戻し制度に関する改正事項 ・・・・・・・・・・

1 改正前民法のもとでの買戻し制度の内容

　買戻しとは、売主甲から買主乙に不動産を売買した場合に、後日に売主が代金と契約費用を提供して甲乙間の不動産売買契約を解除し、一度売った不動産を取り戻す制度のことをいいます。改正前民法は、買戻しの特約は解除権の留保特約であるとし、買戻しの対象は不動産に限定していることに留意してください。

【改正前民法第579条（買戻しの特約）】
　不動産の売主は、売買契約と同時にした買戻しの特約により、買主が支払った代金及び契約の費用を返還して、売買の解除をすることができる。

この場合において、当事者が別段の意思を表示しなかったときは、不動産の果実と代金の利息とは相殺したものとみなす。

　買戻しの特約は売買契約と同時のものでなければならず、買戻しの期間は10年を超えることができません（改正前民法第580条第1項・2項）。買戻しの代金は、「買主が支払った代金及び契約の費用」とされ、代金と契約の費用を超えることができないものとされています。つまり、改正前民法では、買戻し代金の定めは、強行規定であるとされているのです。

▌ 参考判例

　「必要費や有益費を支払わなければ買戻しできない特約がある場合でも、売主は、売買代金及び契約費用さえ支払えば買戻しができる。」（大判大正15年1月28日）

　このため、当事者間において、「売買代金と契約費用のほかに、各種の費用を支払わなければ買戻しをすることができない」との特約を設けた場合であっても、法的には、こうした買戻しの特約を合意した買主の意向に反して、売主は、売買代金及び契約費用さえ支払えば買戻しができるものと解されているのです。

　しかし、こうした買戻しの要件の厳格性から、実務上は、買戻しよりも自由に条件を設定できる「再売買の予約」の方が利用されており、その意味においては、改正前民法の買戻し制度は空文化されていると言われてきました。このため、買戻し制度を利用しやすくするための改正が行われたところです。

② 改正民法のもとでの買戻し

⑴ 買戻し金額が強行規定から任意規定に変更された

【改正民法第579条（買戻しの特約）】
　不動産の売主は、売買契約と同時にした買戻しの特約により、買主が支払った代金（別段の合意をした場合にあっては、その合意により定めた金額。第583条第1項において同じ。）及び契約の費用を返還して、売買の解除をすることができる。この場合において、当事者が別段の意思

47

> を表示しなかったときは、不動産の果実と代金の利息とは相殺したものとみなす。

　買戻しは、「不動産の売主は、売買契約と同時にした買戻しの特約により、買主が支払った代金及び契約の費用を返還して、売買の解除をすることができる。」と規定され、この点では改正前民法と同じ内容ですが、改正民法では、新たに、売主が提供すべき金額について「別段の合意をした場合にあっては、その合意により定めた金額」との条文が追加されています。

3　買戻しの登記の時期についての変更は見送られた

　なお、当初の改正民法の提案では、買戻しの特約は売買契約と同時にしなければならない点は改正前民法と同様に考えていましたが、買戻しの登記は対抗要件に過ぎないので、買戻しの登記まで売買契約と同時に行わなければならないとする合理性はないとの考え方から、買戻しの登記は売買契約と同時でなくともよいとする改正案が当初は提示されていました。しかし、最終的な民法改正法案からは、この考え方は撤回され、改正前民法と同様に、「売買契約と同時に買戻しの登記をしたとき」に限り、買戻しは第三者に対抗することができる、との定めとなっています。買戻しの登記の時期は改正の前後で変更がなされなかったので、注意が必要です。

4　買戻しに関するQ＆A

> **Q** 売主Aは買主Bに対し、不動産を売却したが、その際、Aは、Bが支払った代金および契約の費用のほか、Bが負担した必要費や有益費を支払わなければ買戻しをすることができない旨を合意しました。Aは必要費や有益費まで支払わなければ買戻しはできないのでしょうか？

　買戻しについては、改正前民法では「別段の合意をした場合にあっては、その合意により定めた金額」とする旨の規定がなかったため、前記のとおり、必要費や有益費を支払わなければ買戻しできない特約が

ある場合でも売主は売買代金と契約費用さえ支払えば買戻しができるとされてきました。しかし、改正民法では買戻しの額を自由に合意できることと変更されています。

⑤ 瑕疵担保責任から契約不適合責任へ ·········

1 改正前民法の瑕疵担保責任

　改正前民法では、売買物件に「隠れた瑕疵」が存在する場合は、売主は瑕疵担保責任を負うものとされており、瑕疵担保責任の内容は、❶原則として損害賠償、❷例外的に契約の目的を達しない場合に契約の解除が認められています。瑕疵担保責任に基づく損害賠償も契約の解除も、瑕疵担保責任はいずれも売主が無過失の場合でも発生するものとされていました。改正前民法の瑕疵担保責任は、契約の目的物に「隠れた瑕疵」があること、つまり客観的に「瑕疵」が存在することと、瑕疵が「隠れたもの」であること、売主が瑕疵の発生について無過失であっても責任が認められることが特徴でした。

　何故、このような瑕疵担保責任という概念が認められたかについては、土地・建物売買契約のように、○○番○所在の土地と家屋番号○○○番の建物は、この世に２つとない、いわゆる「特定物」であるということに由来します。特定物であるから、仮に売買の目的である土地に土壌汚染や、建物に雨漏り等の欠陥があったとしても、売主にはそうした問題のない別の土地や建物を引き渡す義務があるかといえば、そういうことにはなりません。当該土地と建物以外は売買契約の目的となっていないからです。したがって、特定物売買の場合には、売主の債務は当該土地と当該建物を引き渡すことであるから、土壌汚染のある土地や雨漏りのする建物を買主に引き渡したとしても、売主は、自己の債務を履行したのであり、売主に債務不履行はないことになります。

　これに対し、不特定物の売買は、給付された物に瑕疵があった場合には、瑕疵のない物との取替えないし履行の追完請求が可能であり、債務不履行を理由とする損害賠償や契約解除の主張が可能です。

参考判例

「不特定物の売買において、給付されたものに瑕疵のあることが受領後に発見された場合、買主がいわゆる瑕疵担保責任を問うなど瑕疵の存在を認識した上で右給付を履行として認容したと認められる特別の事情がない限り、買主は取替えないし追完の方法による完全履行の請求権を有し、またその不完全な給付が売主の責めに帰すべき事由に基づくときは、債務不履行の一場合として損害賠償請求および契約解除権をも有する。」(最判昭和36年12月15日)

特定物であるとの理論からすると、売主は、瑕疵のある土地・建物を引き渡したとしても、売主としての債務は履行したことになり、債務不履行責任を負わないことになるのですが、そのような結論は、瑕疵のある土地建物を引き渡した売主と、瑕疵の存在を知らずに売買代金を支払う買主との間に経済的な不公平を生ずることになります。このために、法が特別に定めた責任(法定責任)として設けられたのが瑕疵担保責任です。

瑕疵担保責任は、売買当事者の不公平を是正するために法が特別に定めた責任ですので、売主に責めに帰すことのできる事由が存するか否かは要件となりません。それ故に、瑕疵担保責任に基づく損害賠償も契約解除も売主が無過失であっても発生することになりますし、債務不履行責任の場面ではないので、契約の解除は契約の目的が達成できない場合に限り認められているのです。

改正前民法の瑕疵担保責任の要件及び内容	❶目的物に「隠れた瑕疵」が存すること ❷責任の内容は原則として損害賠償(信頼利益に対する賠償) ❸契約目的不達成の場合に限り契約解除可 ❹いずれの責任も売主の無過失責任

② 改正民法の契約不適合責任

改正民法では、改正前民法の瑕疵担保責任に代わって、いわゆる「契約不適

合責任」という責任が認められています。瑕疵担保責任の規定が削除され、契約不適合責任においては、「瑕疵」や「隠れた瑕疵」という概念は直接の要件とはされていません。改正民法における契約不適合責任では、客観的に瑕疵といえるか否かを問題とするのではなく、引き渡された目的物がその種類または品質に関して契約の内容に適合しているか否かが問題になります。

「契約の内容」に適合しているか否かが問われる以上、売買契約において目的物の種類または品質についてどのような定めをしているかにより、契約不適合責任の存否に関する判断が変わることも想定されるところです。

このため、改正民法の下では、「契約の目的」を定める条項を設け、当該契約締結にいたる経緯や当事者の契約の目的等を記載しておくことも有益となるものと思われます。たとえば、土地を購入する目的が、太陽光発電システムのソーラーパネルを土地上に設置することであるのか、木造の自宅建物を建築することであるのか、それとも、地中に杭を打ち込み高層マンションを建築のうえ消費者に分譲転売することであるのかによって、その土地に要求される性情、品質は異なることが想定されます。

なお、改正前民法の瑕疵担保責任は特定物の売買に適用され、不特定物の売買には適用されるか否かについては争いがありましたが、新しい契約不適合責任は特定物、不特定物の区別を問わず適用されることになります。何故なら、契約不適合責任は、改正民法のもとでは、債務不履行の一場面ととらえることになり、債務不履行責任の特則との位置づけになるからです。

3 瑕疵担保責任と契約不適合責任の責任内容の相違

(1) 改正前民法の瑕疵担保責任の内容

改正前民法においては、前述のとおり、売買物件に瑕疵があるからといって債務不履行となるわけではなく、瑕疵担保責任は法定責任（法律が特別に認めた責任）であると考えられてきました。要は、瑕疵担保責任は物件に瑕疵があれば無過失であっても売主が当然に負担すべき法定責任であり、瑕疵担保責任の内容は、原則として買主が、瑕疵が存在しないものと信頼したことによって被った損害（信頼利益）の賠償で、瑕疵が存在することにより契

51

約の目的を達成できない場合に限り契約の解除ができるものと定められていました。

(2) 契約不適合責任の内容

これに対し、契約不適合責任は、引き渡した目的物が種類または品質に関して契約の内容に適合しないのであれば、それは契約上の債務を履行していないものとして債務不履行責任であるとするものです。

【改正民法第562条（買主の追完請求権）】

引き渡された目的物が種類、品質又は数量に関して契約の内容に適合しないものであるときは、買主は、売主に対し、目的物の修補、代替物の引渡し又は不足分の引渡しによる履行の追完を請求することができる。ただし、売主は、買主に不相当な負担を課するものでないときは、買主が請求した方法とは異なる方法による履行の追完をすることができる。

2　前項の不適合が買主の責めに帰すべき事由によるものであるときは、買主は、同項の規定による履行の追完の請求をすることができない。

---

① 追完請求権

まず債務の内容に適合した物を給付するよう請求すること（追完請求権）が認められます。この追完請求権は債務の本来の履行を求めるものであり、売主が無過失である場合にも請求できるものです。

② 修補請求権

上記の追完請求権の内容のひとつとして、引き渡した目的物を契約の内容に適合させるための修補をするよう請求すること（修補請求権）が認められます。改正前民法の瑕疵担保責任の内容は損害賠償と契約解除のみでしたが、契約不適合として債務不履行ととらえる以上、本来の債務の履行を求める一環として目的物の修補請求も認められることになります。この修補請求も債務の本来の履行を求めるもので、売主が無過失である場合にも請求できるものです。

③　代金減額請求権

　さらに改正民法では、契約不適合の場合には、買主に**代金減額請求権**も認められています。

【**改正民法第563条（買主の代金減額請求権）**】

　前条第一項本文に規定する場合において、買主が相当の期間を定めて履行の追完の催告をし、その期間内に履行の追完がないときは、買主は、その不適合の程度に応じて代金の減額を請求することができる。

2　前項の規定にかかわらず、次に掲げる場合には、買主は、同項の催告をすることなく、直ちに代金の減額を請求することができる。

　一　履行の追完が不能であるとき。

　二　売主が履行の追完を拒絶する意思を明確に表示したとき。

　三　契約の性質又は当事者の意思表示により、特定の日時又は一定の期間内に履行をしなければ契約をした目的を達することができない場合において、売主が履行の追完をしないでその時期を経過したとき。

　四　前三号に掲げる場合のほか、買主が前項の催告をしても履行の追完を受ける見込みがないことが明らかであるとき。

3　第1項の不適合が買主の責めに帰すべき事由によるものであるときは、買主は、前二項の規定による代金の減額の請求をすることができない。

　追完請求権（修補請求権等）、代金減額請求権は、債務の本来の内容の実現を求めるものであり、売主の過失は要件とされていません。

　ただし、売主としては、代金を減額されるより、修補することにより代金は全額支払って欲しい等とする売主側の利益を考慮して、原則として、買主が、売主に対して相当の期間を定めて履行の追完の催告をして、その期間内に履行の追完がなされない場合でなければ代金減額請求権は行使できないとされていることに留意すべきです。

④　損害賠償

　契約不適合責任は、債務不履行の一場面であるとすると、契約不適合の場合は、債務不履行の規定にしたがって、損害賠償や契約の解除が認められることになります。

> **【改正民法第564条（買主の損害賠償請求及び解除権の行使）】**
> 　前二条の規定は、第415条の規定による損害賠償の請求並びに第541条及び第542条の規定による解除権の行使を妨げない。

　改正前民法の瑕疵担保責任も契約不適合責任の場合も、いずれも買主は損害賠償を請求することができますが、瑕疵担保責任による損害賠償請求と、契約不適合責任による損害賠償請求には何か違いがあるのでしょうか。

　ア　法定責任から債務不履行責任へ

> a　改正前民法の瑕疵担保責任に基づく損害賠償
>
> 　改正前民法は、建物や土地などを対象とする特定物売買の場合、仮に物件に瑕疵が存在していたとしても、当該特定物を引き渡せば、売主の債務は履行されたことになるため、瑕疵の存在は債務不履行ではなく、物件に瑕疵が存在することに伴い法律が認めた特別の責任（法定責任）であると考えてきました。このことから、瑕疵担保責任における損害賠償は、債務不履行責任ではないため、売主の責めに帰すべき事由は不要とされ、売主の損害賠償義務は無過失責任とされてきました。
>
> b　改正民法の契約不適合責任に基づく損害賠償
>
> 　これに対し、改正民法の契約不適合責任は、売買の目的物に契約の内容に適合しない点があるのであれば、それは債務不履行であり、債務不履行責任を負うべきであるとの考え方に基づくものといわれています。
>
> 　したがって、契約不適合責任に基づく損害賠償は、債務不履行責任の一場面であるから、瑕疵担保責任における損害賠償請求とは異

なり、売主に責めに帰すべき事由が認められることが要件となります。すなわち、売主が契約不適合責任に基づき負担する損害賠償責任は無過失責任ではなく、売主に帰責事由がある場合に限り負うことになる点で、改正前民法とは異なることになります。

イ　信頼利益から履行利益の損害賠償へ

a　改正前民法の瑕疵担保責任に基づく損害賠償の範囲

改正前民法の瑕疵担保責任は、法定責任であり、売主に過失がなくとも認められる無過失責任です。したがって、瑕疵担保責任に基づく損害賠償は、債務不履行の場合のように債務が履行されていたとすれば相手方が得られた利益を賠償するという性質のものではありません。あくまで、買主が、瑕疵が存在しないものと信頼したことによって被る損害（信頼利益）の範囲に限られるとされています。

b　改正民法の契約不適合責任に基づく損害賠償の範囲

これに対し、改正民法の契約不適合責任に基づく損害賠償は、債務不履行の一場面とされており、債務不履行の一般原則にしたがい、債務が履行されていたとすれば相手方が得られた利益（履行利益）を賠償しなければならなくなります。

したがって、改正民法の下では、売主に責めに帰すべき事由があることが前提ではありますが、契約不適合による損害賠償義務の範囲が履行利益となりますので、売買契約の目的条項に「転売用の土地」と記載されている場合には、売主は転売利益も含めた損害賠償を求められる可能性があります。売主側としては、損害賠償の範囲を限定する特約を設けるよう、契約締結交渉時に交渉を行うことも必要になるでしょう。このように、改正民法の下では、契約内容が重視されることに留意する必要がありそうです。

55

⑶　**契約解除**

　売買の目的物に不具合がある場合の契約解除では何か変わるのでしょう
か？

　改正前民法の瑕疵担保責任も契約不適合責任の場合も、いずれも買主は契
約の解除が認められていますが、瑕疵担保責任による契約の解除と契約不適
合責任による契約の解除には何か違いがあるのでしょうか。

【「契約した目的を達することができない」との要件の要否】

❶　**改正前民法の瑕疵担保責任に基づく解除**

　改正前民法では、売買の目的物件に隠れた瑕疵が存する場合に認めら
れる瑕疵担保責任の内容は、原則は損害賠償であって、契約の解除は、
買主がその瑕疵を知らず、かつ、そのために契約をした目的を達するこ
とができない場合に限られていました。

❷　**改正民法の契約不適合責任に基づく解除**

　これに対し、改正民法では契約不適合責任は、債務不履行の一場面と
解されることになるため、契約不適合責任に基づく契約解除は、債務不
履行による解除と同様に処理されることになります。

改正民法では、契約の解除は次のとおりとなります。

ア　相当期間を定めた催告

　債務不履行があった場合に、相当の期間を定めて催告し、催告期間内に
履行されなければ契約を解除できるという点で従来の催告解除と同じであ
り、債務の不履行が軽微であるときは解除できないことになります。今
回、軽微な不履行では契約の解除ができない旨が明文化されたことによ
り、債務者が軽微な不履行に過ぎないと主張して解除の有効性を争うケー
スが増えると考えられます。債務の不履行が軽微な場合とは、数量の不足
が僅かである場合や、付随的な債務の不履行である場合などが挙げられま
すが、たとえば、付随的な義務の不履行であるか否かを取り上げても、そ
の判断は微妙であり、従前の判例でも解除原因となるか否かの判断が異
なっています。

不動産売買契約においては、主たる債務は、売主は所有権移転・引渡し・移転登記義務であり、買主は代金支払義務ですが、それ以外の当事者が負担する義務としては、その間の公租公課の支払義務や、買主が売買代金を完済するまでは土地上に工作物を設置しないなどの特約上の義務がこれに該当します。

ｉ　軽微な不履行であるとして契約の解除を認めなかったもの

　売主が、買主に対し、土地を代金 9 万5000円で売却し、買主は一定時期までの地租税と残代金に対する利息を支払う約定であったところ、買主が支払うべき税と利息合計約4180円を支払わなかったため、売主が契約を解除した事案について、以下のような判断がなされています。

> **参考判例**
>
> 　「公租公課及び利息の支払い義務は付随的なもので、付随的義務を怠ったに過ぎない場合は、特別の約定がない限り解除する事はできない。」（大判昭和13年 9 月30日）

　また、売主が買主に対し、土地を3600円で売却し、買主が固定資産税等の公租公課を支払わなかった事案については、以下の判例があります。

> **参考判例**
>
> 　「租税負担義務が本件売買契約の目的達成に必須的でない附随的義務に過ぎないものであり、特段の事情の認められない本件においては、右租税負担義務は本件売買契約の要素でないから、当該義務の不履行を原因とする上告人の本件売買契約の解除は無効である。そして、法律が債務の不履行による契約の解除を認める趣意は、契約の要素をなす債務の履行がないために、当該契約をなした目的を達することができない場合を救済するためであり、当事者が契約をなした主たる目的の達成に必須的でない附随的義務の履行を怠つたに過ぎないような場合には、特段の事情の存しない限り、相手方は当該契約を解除することができないものと解するのが相当である。」

（最判昭和36年11月21日）

ii　売買契約の付随的な約款上の義務違反について契約解除を認めたもの

売主が買主に対し土地を25万8000円で売却し、8万円は即金で、残額は分割払いとされ、買主は代金完済までは建築物等の工作物の築造を禁止する旨の特別の約款が付されていたにもかかわらず、買主が土地上にブロックの基礎工事をしたという事案については、以下の判例があります。

▮▮ 参考判例

「約款は、外見上は売買契約の付随的な約款とされており、売買契約締結の目的には必要不可欠なものではないが、売主にとっては、代金の完全な支払の確保のために重要な意義をもつものであり、買主もこの趣旨のもとに合意しているので、このような約款の不履行は契約締結の目的の達成に重大な影響を与えるものであるから、かかる約款の債務は売買契約の要素たる債務に該当し、売主は、この不履行を理由として契約を解除することができる。」（最判昭和43年2月23日）

そこで、不動産売買契約における解除のトラブルを防止するため、改正民法の下では、付随的な約款上の債務の不履行を理由として契約を解除したいと考えるのであれば、不動産売買契約書の解除の条文に定める解除事由に、当該付随的な約款上の債務の不履行を解除事由として明記しておくことが必要です。揉めやすいのは、解除事由として、「本契約の定めに違反したとき」という概括的な事由を記載している契約書です。

イ　無催告解除の可能

また、債務者が債務の全部または一部の履行を拒絶する意思を明確にした場合や、催告をしても契約の目的達成に至る履行の見込みがない等の場合には無催告で契約の解除が認められます。

ウ　契約をした目的の達成の有無を問わなくなる

　契約不適合責任に基づく解除は、債務不履行に基づく解除と同様に、催告解除あるいは無催告解除の手続きを取ることになり、契約をした目的を達することができない場合にのみ解除できるとする改正前民法の瑕疵担保責任に基づく解除とは要件が異なることになります。

　したがって、改正民法の下では、契約不適合があった場合に、解除がなされる場合が比較的増加することが理論的には予想されるところです。

エ　契約不適合を理由とする解除と売主の帰責事由の要否

　改正前民法の瑕疵担保責任は、債務不履行責任ではなく、物件に瑕疵が存在することに伴い法律が認めた特別の責任（法定責任）であると考えられており、売主の責めに帰すべき事由は不要とされ、売主の瑕疵担保責任は無過失責任とされていました。このため、瑕疵担保責任に基づく解除は売主が無過失の場合であっても契約を解除できるとされてきました。

　しかし、契約不適合責任は債務不履行の一場面であり、債務不履行の要件にしたがうことになります。契約不適合責任に基づく損害賠償は売主に帰責事由がある場合に限られていますが、改正民法では債務不履行を理由として契約を解除するには債務者の帰責事由は不要とされています。

　改正前民法は債務不履行による契約解除は、債務を履行しない債務者に対する制裁のひとつと考えられていたため、契約を解除するには債務者の帰責事由が必要とされたものでありますが、改正民法では、債務不履行による解約の解除は、債務の履行が何時までもなされないという場合に、債権者を契約の拘束力から免れさせる制度であるとする位置づけに変更されているからです。したがって、契約不適合責任に基づく契約の解除は、売主の帰責事由の有無は問わないことになることに注意が必要です。

【契約不適合責任の内容】

❶　追完請求権（修補請求権）、❷　代金減額請求権
　　　　　　………………………………………………売主の帰責事由不要

❸　損害賠償請求権………………………………………売主の帰責事由必要

59

❹　契約解除権……………………………………売主の帰責事由不要

⑷　契約不適合責任の存続期間

　改正前民法の売主の瑕疵担保責任が廃止され、改正民法では新たに契約不適合責任が規定されましたが、契約不適合責任の存続期間はこれまでの売主の瑕疵担保責任の存続期間とは変わるのでしょうか？

　ア　改正前民法の瑕疵担保責任の存続期間

> **【改正前民法第566条（地上権等がある場合等における売主の担保責任）第3項】**
>
> 3　前二項の場合において、契約の解除又は損害賠償の請求は、買主が事実を知った時から1年以内にしなければならない。

　改正前民法における瑕疵担保責任は、債務不履行責任ではなく、物件に瑕疵が存在することに伴い法律が認めた特別の責任（法定責任）であると考えられており、損害賠償請求、契約の解除のいずれも買主が事実を知ったときから1年以内にしなければならないとされています。

　「1年以内にしなければならない」の対象は「契約の解除又は損害賠償の請求」ですから、1年以内に損害賠償請求や契約の解除をしなければならないという意味です。

　この期間は一般的には除斥期間と解されています。

📖 参考判例

　「損害賠償の請求権を保存するためには、具体的な瑕疵の内容、請求する損害額の算定の根拠を示して、損害賠償請求をする旨を表明して、売主の担保責任を問う意思を明確に告げる必要がある。本条（改正前民法第566条）の1年間の期間制限は、除斥期間を規定したものと解すべきであり、また、この損害賠償請求権を保存するには、売主の担保責任を問う意思を裁判外で明確に告げることをもって足り、裁判上の権利行使をするまでの必要はないと解するのが相当である。」

（最判平成4年10月20日）

消滅時効は権利の上に眠る者を保護しないという考え方に基づくものですが、除斥期間は権利関係の早期確定という趣旨に基づくもので、除斥期間には時効のような中断という制度が存在しません。瑕疵担保責任は、この期間内に裁判上または裁判外の権利行使があれば、損害賠償請求権または解除権が保全され、その権利の行使の時より新たに時効が進行し、除斥期間の経過後も一般の消滅時効にかかるまで権利が存続するものと解されています。

　この点で注意すべきことは、改正前民法の瑕疵担保責任の場合は、買主が事実を知ったときから1年以内に、売主に対して、ただ瑕疵の存在を告げただけでは足りず、損害賠償請求権または解除権等の売主の担保責任を問う意思を明確に告げなければならないという点です。

【改正前民法の瑕疵担保責任の存続期間】

買主が事実を知った
ときから1年以内　＝

1年以内に、瑕疵の事実を告げただけでは権利を確保できない！

1年以内に損害賠償請求権又は解除権の行使等、売主の担保責任を問う意思を明確に告げなければならない！

イ　改正民法の契約不適合責任の存続期間

　改正民法の契約不適合責任は、瑕疵担保責任のような法定責任ではなく、債務不履行責任の一場面ですから、債務の消滅時効に関する一般原則（権利を行使し得る時から10年、権利を行使し得ることを知った時から5年）にのみしたがうのか、それとも、これに加えて瑕疵担保責任と同様に短期の期間制限を設けるかが問題となるところですが、改正民法は短期の期間制限を規定しています。契約不適合責任の存続期間に関する具体的な条文は下記のとおりです。

【改正民法第566条（目的物の種類又は品質に関する担保責任の期間

の制限）】

売主が**種類又は品質**に関して契約の内容に適合しない目的物を買主に引き渡した場合において、買主がその不適合を知った時から一年以内にその旨を売主に通知しないときは、買主は、その不適合を理由として、履行の追完の請求、代金の減額の請求、損害賠償の請求及び契約の解除をすることができない。ただし、売主が引渡しの時にその不適合を知り、又は重大な過失によって知らなかったときは、この限りでない。

改正民法では、契約不適合責任の存続期間は、買主が、「種類又は品質に関して」契約不適合を知った時から1年以内に「その旨を売主に通知」しない限り、履行の追完請求、代金減額請求、損害賠償請求及び解除権の行使ができないと定めています。

ⅰ　期間制限の対象の限定

まず、注意すべきことは、契約不適合責任を定めた改正民法第562条では目的物が「種類、品質又は数量」に関して契約の内容に適合しないものであるときと定められているのに対し、期間の制限を定めた上記の改正民法第566条では「種類又は品質」に関して契約の内容に適合しない目的物を引き渡した場合とされており、1年の期間制限の対象から「数量に関して」の不適合が除外されていることです。したがって、数量不足などの場合は、もっぱら消滅時効の原則である「権利を行使することができる時から10年間、権利を行使することができることを知った時から5年間」というルールにしたがうことになるので注意が必要です。

なお、改正民法における「買主が知った時から1年」という期間自体は従来の瑕疵担保責任と同じです。

ⅱ　期間内に通知すべき内容の変更

しかし、問題は、1年の期間内に何をすべきか、ということです。改正前民法の瑕疵担保責任では、前述のとおり、1年以内に損害賠償請求

権あるいは解除権を行使しなければなりませんでしたが、改正民法の契約不適合責任の場合は、改正民法第566条に記載のとおり、契約不適合の事実を売主に通知すれば権利が保全されることになる、という点で改正前民法の規律とは異なります。

> 現行民法の瑕疵担保責任　＝　１年以内に権利行使が必要
> 改正民法の契約不適合責任　＝　１年以内に契約不適合を通知

⑸　まとめ

以下に、改正前民法の瑕疵担保責任と改正民法の契約不適合責任の相違点をまとめておきます。

①　契約不適合責任の内容の追加

瑕疵担保責任に基づく責任の内容	➡	損害賠償と契約解除のみ
契約不適合責任に基づく責任の内容	➡	①追完請求権（修補請求権）、②代金減額請求権、③損害賠償請求、④契約の解除

②　契約不適合責任の損害賠償と当事者の帰責事由の要否

瑕疵担保責任に基づく損害賠償	➡	無過失責任（帰責事由不要）
契約不適合責任に基づく損害賠償	➡	債務不履行責任（帰責事由要）

③　契約不適合責任と損害賠償の範囲

瑕疵担保責任に基づく損害賠償	➡	信頼利益の範囲
契約不適合責任に基づく損害賠償	➡	履行利益の範囲

④　契約不適合責任と解除の要件

瑕疵担保責任に基づく契約解除	➡	契約の目的を達するときができない場合に限る無過失責任

| 契約不適合責任に基づく契約解除 | → | 軽微な不履行でない限りは解除が可能な無過失責任 |

⑤ 契約不適合責任の保全方法

| 現行民法の瑕疵担保責任 | → | 1年以内に権利行使をすることが必要 |

| 新民法の契約不適合責任 | → | 1年以内に契約不適合を通知することで足りる |

⑹ 売買に関する改正民法の適用関係

【改正民法附則第34条（贈与等に関する経過措置）第1項】

施行日前に贈与、売買、消費貸借（旧法第589条に規定する消費貸借の予約を含む。）、使用貸借（旧法第589条に規定する消費貸借の予約を含む。）、賃貸借、雇用、請負、委任、寄託又は組合の各契約が締結された場合におけるこれらの契約及びこれらの契約に付随する買戻しその他の特約については、なお従前の例による。

改正民法では、上記10の契約類型については、改正民法施行日である2020年4月1日前に契約が締結された場合は改正前民法が適用され、それ以降に契約が締結された場合は改正民法が適用されることを原則として定めています。

4 契約不適合責任に関するQ＆A

Q 改正民法では、瑕疵担保責任が、契約不適合責任という新たな責任に変わると聞きました。例えば、購入した建物に雨漏りがある場合に、契約不適合責任と瑕疵担保責任では、責任が認められる条件には、どのような違いが出るのでしょうか？

A 従来の瑕疵担保責任は、「隠れた瑕疵」であることが要件でした。要するに、売買の目的物に瑕疵（欠陥）があるだけでなく、その瑕疵が「隠れていること」が必要で、「隠れている」とは、買主が、瑕疵があることを知らず、知らないことについて過失がないことが必要でした。これに対し、改正民法の契約不適合責任は、契約不適合が隠れていることは要件とはされていません。雨漏りがすることが瑕疵であり契約不適合であるとすると、従来の瑕疵担保責任の下では、買主は、雨漏りがすることを知らず、かつ、知らないことに過失がない場合に初めて瑕疵担保責任を追及することができます。これに対し、改正民法の契約不適合責任は、雨漏りがすることが契約の趣旨に適合しているか否かが問題となります。買主が雨漏りすることを知ったうえで、その価額で購入したという場合には、雨漏りがすることは契約の趣旨に適合しないとは言えない場合が多いと思われます。これに対し、買主が雨漏りの事実は知らないものの、知らないことに過失がある場合は、瑕疵担保責任は認められませんが、買主は雨漏りがすることを知らずにその価額で購入しているのですから、契約の趣旨に適合していないものとして契約不適合責任が認められる可能性があると考えられます。

Q 改正民法では、売買契約の目的物が契約の趣旨に適合しない場合は、売主の責任の一つとして、代替物引渡請求権が認められたと聞きました。購入した建物に雨漏りがある場合は、損害賠償請求以外に、雨漏りのしない別の建物を引き渡せと請求できるようになったのでしょうか？

A 建物売買契約は特定物売買契約です。したがって、売買契約の対象物件として契約で合意した建物についてしか請求はできません。民法が定める代替物引渡請求権は、代替物を売買の目的とした場合（例えばセーター200枚の売買契約等）に認められるものとお考え下さい。

65

Q 改正民法で瑕疵担保責任が、契約不適合責任という新たな責任に変わったそうですが、購入した土地に土壌汚染が存在する場合に、売主の責任内容で、従来にはなかった新たな責任が認められているのでしょうか？

A 瑕疵担保責任の内容は、原則として損害賠償、例外的に契約の目的を達成できない場合に解除が認められています。したがって、改正前民法のもとでは、買主は購入した土地に土壌汚染があったとしても、売主に対して、土壌汚染の除去工事をせよと請求することはできません。汚染土壌の除去費用相当額を損害として請求できるだけです。しかし、改正民法の契約不適合責任では修補請求権が認められていますので汚染土壌を撤去せよと請求できることになります。

Q 改正民法での契約不適合責任と、従来の瑕疵担保責任とでは、解除の要件については、どこが変わったのですか？

A 瑕疵担保責任では解除は契約の目的が達成できない場合しか行うことが出来ません。例えば、売買対象土地に、土壌汚染があったとしても、通常は汚染の除去費用を請求すればよいことですから、契約の目的を達成できる場合が少なくないと思われます。したがって、瑕疵担保責任のもとでは解除は認められない場合も少なくないと思われます。これに対し、契約不適合責任は、債務不履行責任ですので、買主は相当の期間を定めて汚染を除去するよう催告し、相当の期間内に履行がなされないときは、たとえ目的を達成できる場合であっても契約の解除ができるという点が大きな相違です。

Q 改正民法での契約不適合責任と、従来の瑕疵担保責任とでは、損害賠償の要件については、どこが変わったのですか？

A 瑕疵担保責任としての損害賠償は改正前の民法では債務不履行責任ではなく、法定責任とされており、売主は無過失でも損害賠償責任を負うこととされています。これに対し、契約不適合責任は債務不履行責任の一場面と解されますので、債務不履行の一般原則に従い、売主の責に帰すことのできる事由がない場合には損害賠償責任は認められないことになります。

Q 改正民法では、瑕疵担保責任から契約不適合責任に変わったと聞いたのですが、購入した建物に雨漏りがある場合に、買主が、売主に対する権利を保全するのに、何か変更があるのでしょうか?

A 瑕疵担保責任の場合は、買主が瑕疵を知った時から1年以内に権利行使をすることが瑕疵担保責任を保全するために必要とされていました。これに対し、改正民法の契約不適合責任では、契約不適合を売主に通知することで足りることになります。

第6章 不動産賃貸借契約に関する改正

　不動産賃貸借においては、少なくとも以下の7点を検討する必要があると思われます。

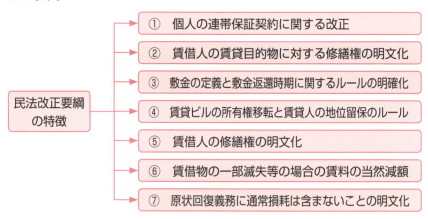

❶ 賃貸借契約の連帯保証に関する改正（付従性）

1 保証債務の付従性

(1) 保証債務の性質

　一般に、保証債務の目的は、本来的には主たる債務者がその債務を履行しないときにその履行責任を負うということにあるので、理論的に3つの性質を持つとされています。その3つとは、❶補充性、❷随伴性、❸付従性です。

保証債務の性質	❶ 補 充 性
	❷ 随 伴 性
	❸ 付 従 性

補充性とは、保証債務は主たる債務者がその債務を履行しない場合に履行をする補充的な債務であるということをいいます（ただし、連帯保証債務は催告の抗弁権、検索の抗弁権がともに認められていないので、いきなり連帯保証人に請求がなされることがあり得ます）。

随伴性とは、主たる債務の債権者が変わった場合には、保証債務も随伴して新しい債権者との間に移転するという性質をいいます。

付従性とは、保証債務は、主たる債務の存在を前提とする付従的な債務であるということから、保証債務の目的となる給付は主債務の給付と同じであり、主債務が無効の場合は保証債務も無効となるなど、主たる債務に付従した扱いがなされることをいいます。

改正前民法は、保証債務の付従性について民法第448条に規定しています。

> **【改正前民法第448条（保証人の負担と主たる債務の目的又は態様）】**
>
> 保証人の負担が債務の目的又は態様において主たる債務より重いときは、これを主たる債務の限度に減縮する。

これは主たる債務の目的、態様における付従性といわれるものです。

⑵ **改正民法の付従性に関する規定**

改正民法も、保証債務の付従性に関する規定を置いており、改正前民法第448条と同様の規定を設けていますが、さらに改正民法第448条は、新たに第2項を追加しています。

> **【改正民法第448条第2項】**
>
> 2 主たる債務の目的又は態様が保証契約の締結後に加重されたときであっても、保証人の負担は加重されない。

要するに、改正民法では、主債務の目的や態様が保証契約締結後に加重さ

れても、保証人の負担に変更がない旨の規定を追加しているのです。

具体的には、以下のような場合に問題となります。

| 保証契約締結時の賃料10万円をその後に12万円に増額した場合 | | 連帯保証人は12万円の範囲で保証債務を負うか、それとも従前の10万円の範囲内で保証債務を負うのか？ |

保証契約締結時には10万円の賃料であったものを12万円に増額した場合には、保証契約締結後に主債務である賃貸借契約の態様が加重された場合に該当します。したがって、改正民法のもとでは、主たる債務である賃貸借契約の賃料を増額したとしても、連帯保証人の保証債務は相変わらず10万円であることが明文で示されたことになります。

ところで、この規定は、これまでとは新たな規制が加えられたものなのでしょうか。実は改正前民法の下でも、保証契約成立後に、債権者と主たる債務者との間の合意によって、主たる債務の目的あるいは態様が加重された場合は、その効力は保証人には及ばないものと解されていました。保証人の意思が反映しないまま、保証人の責任を一方的に加重することは妥当とはいえないとの考え方に基づくものです。

しかし、このことは改正前民法第448条の文言から直接導かれる結論ではありません。そこで、従来からの理論的な結論を改正民法に盛り込んだのが今回の改正です。したがって、この点については、これまでの解釈を条文に規定しただけのもので、理論には何の変更もないものと思われます。ただし、実務上、保証契約締結後に家賃の増額請求を行い増額が認められた場合、保証人に対しては増額後の賃料を前提として保証責任を求めていたケースも少なくないのではないかと思われます。改正民法では、そうした扱いはできないと条文上で明らかにされました。

❷ 賃貸借契約の個人連帯保証契約についての「極度額」規制の導入

1 改正民法における「個人根保証契約」に対する極度額規制

　改正民法では、保証人が思わぬ高額の保証債務を負わされ、経済的な破綻や生活の崩壊等が生じかねないことを考慮して、保証人が想定外の過大な保証債務を負うことのないように、保証人の責任範囲を明確にし、保証人を保護する制度の導入が図られています。

　そのひとつとして、保証債務額が確定額ではない、「一定の範囲に属する不特定の債務を主たる債務とする保証契約」（これを「根保証契約」といいます）について、改正民法では、このうち保証人が法人ではないもの（これを「個人根保証契約」といいます）は、保証人が自己の保証債務の上限額を認識したうえで保証契約を締結することができるように、「極度額」（保証の上限金額）を書面または電磁的方法によって合意しなければ、保証契約を無効とするとの規制を新たに設けています。

【改正民法第465条の2（個人根保証契約の保証人の責任等）】

　<u>一定の範囲に属する不特定の債務を主たる債務とする保証契約（以下「根保証契約」という。）であって保証人が法人でないもの（以下「個人根保証契約」という。）</u>の保証人は、主たる債務の元本、主たる債務に関する利息、違約金、損害賠償その他その債務に従たる全てのもの及びその保証債務について約定された違約金又は損害賠償の額について、その全部に係る**極度額を限度として、その履行をする責任**を負う。

2　個人根保証契約は、前項に規定する極度額を定めなければ、その効力を生じない。

3　第446条第2項及び第3項の規定は、個人根保証契約における第1項に規定する極度額の定めについて準用する。

2　不動産賃貸借契約の連帯保証契約への影響

　不動産賃貸借契約においては、賃借人の債務は、賃貸借契約という「一定の範囲」に基づいて、たとえば、賃料であれば、○月分、翌月分、翌々月分……というように「不特定の債務」を主たる債務として保証する契約であるため、賃貸借における連帯保証契約は根保証契約に該当します。

　したがって、賃貸借契約の連帯保証人が法人ではなく個人である場合には、「個人根保証契約」に該当し、改正民法施行後は、賃貸人が連帯保証人との間で賃貸借の連帯保証契約を締結するには極度額を書面または電磁的方法により定めない限り無効となります。

　新しい民法の下では、賃貸借契約の連帯保証契約を個人と締結する場合には、極度額を必ず書面又は電磁的方法で定めなければなりません。

| 改正民法施行後の
連帯保証契約 | | 極度額を連帯保証契約等の書面又は電磁的方法で定めない限り、連帯保証契約は無効 |

3　個人根保証契約の保証債務における「極度額」の対象債務

　改正民法施行後は、賃貸借契約の連帯保証が個人根保証契約として極度額を定めなければならない契約となりますが、個人根保証契約の極度額を定める対象は、次のように定められています。

個人根保証契約の極度額の対象
❶主たる債務の元本、❷主たる債務に関する利息、❸主たる債務に関する違約金、❹主たる債務に関する損害賠償、❺その他その債務に従たるすべてのもの、❻その保証債務について約定された違約金または損害賠償の額

4　連帯保証人の極度額の設定

　まず、不動産賃貸借の連帯保証人の極度額として、いくらの金額を連帯保証人に提示するのかを改正民法が施行される2020年4月1日までには決定してお

く必要があります。

　連帯帯保証人の保証範囲は家賃支払債務に限られません。賃借人の失火により賃貸建物が焼失した場合の損害賠償債務や、貸室内で自殺をした場合には当該居室は少なくとも1～2年程度は通常の賃料では賃貸できなくなりますが、その場合の損害賠償債務、原状回復債務の不履行分も含まれます。これを考慮すると、賃貸借の連帯保証人の極度額は多ければ多いに越したことはありませんが、高額の極度額では、**連帯保証人となることを拒絶する者も出るのではないかと思われます。こうしたことを考慮したうえで**、極度額（保証の上限額）をいくらと定めるのかの検討を行うことが必要です。住居系賃貸借の連帯保証人の極度額は、賃料の1年分～2年分程度とするケースも多いのではないかと想定されます。

　住居系賃貸借においては、保証人のなり手が減少し、家賃債務保証会社を利用するというケースも増えることが予想されるところです。

5　極度額の規制の開始時期

　改正民法は、原則として、改正民法施行前に締結していた契約には及ばず、改正民法施行後に新たに締結する契約に改正民法が適用されることになると理解してよいでしょう。

　改正民法附則第21条1項によると、保証債務に関する経過措置として、「施行日前に締結された保証契約に係る保証債務については、なお従前の例による。」と定められています。したがって、現在締結済の不動産の賃貸借契約の連帯保証契約は、改正民法施行後も「従前の例による」とされているため極度額を定めていなくとも連帯保証契約は有効と解されます。

　これに対し、改正民法施行後に新たに締結する連帯保証契約には必ず極度額を書面または電磁的方法により合意することが必要になります。

　問題となるのは、改正民法が施行される前からの連帯保証契約で、改正民法施行後に連帯保証契約を更新する場合です。更新後の連帯保証契約は、改正民法施行前の契約を、同一性をもって継続するだけなので相変わらず従前の例によると考えてよいのか、それとも更新を契機に改正民法が適用され、更新後は極

度額を書面または電磁的方法により合意する必要があるのか、ということです。

　これについては、すべての法律に通ずる一律のルールがあるわけではないと考えられますし、それぞれの法律ごとに個別にルールが定められることになると思われます。改正民法施行前に締結された契約が、改正民法施行後に更新された場合、更新後の契約に改正民法が適用されるか否かは改正民法附則第34条の解釈をめぐり、見解が分かれているように思われます。法務省は、更新後の契約には改正民法が適用されるとの見解です。極度額に関する今回の民法改正の趣旨は、個人である連帯保証人の保護であることを考えると、賃貸借契約のような継続的な契約の場合には、改正民法施行後に更新した契約は新規に契約を締結したものと扱われ、改正民法の規律に復する可能性が高いのではないかと思われます。

　したがって、連帯保証契約が改正民法施行後も、更新しないで、当初の連帯保証契約がずっと継続している間は、新法施行後も極度額の定めのない連帯保証契約が有効と解されることになります。

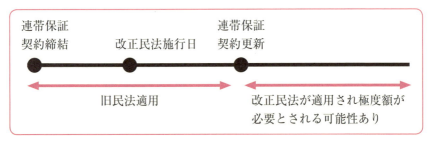

6　個人根保証契約の元本の確定

　一般に根保証契約といわれるものについては、このような根保証契約の被担保債権の元本が何時、どのような場合に確定するのか、その元本の確定事由が定められています。主たる債務の範囲に、金銭の貸借や手形割引を受けることによって負担する債務（これを「貸金等債務」といいます）が含まれている場合には、保証人が巨額の保証債務を負担するおそれがあることや主債務者が破産等の手続開始決定を受けた後は、新たに信用を供与しないこと等を考慮して、主たる債務者の財産状況が悪化したことが元本確定事由とされています。

> **【貸金等債務の個人根保証契約の元本の確定事由（改正民法第465条の４第２項）】**
> ❶　債権者が保証人の財産について、金銭の支払いを目的とする債権についての強制執行または担保権の実行を申し立てたとき
> ❷　保証人が破産手続開始の決定を受けたとき
> ❸　主たる債務者又は保証人が死亡したとき
> ❹　債権者が主たる債務者の財産について、金銭の支払いを目的とする債権についての強制執行または担保権の実行を申し立てたとき
> ❺　主たる債務者が破産手続開始の決定を受けたとき

　しかし、貸金等債務の根保証の場合は、主たる債務者が強制執行を受けたり、破産手続開始決定を受ければ、その後に債権者が債務者に対して新たに債権を発生させるということは考え難いことですが、賃貸借契約の連帯保証の場合は主たる債務者である賃借人が強制執行を受けたからといって直ちに賃貸借契約を終了させることができるわけではありません。また、主たる債務者である賃借人が、破産手続開始決定を受けたからといって賃貸借契約が終了するわけではなく、その後も賃貸借契約は継続し、新たな賃料債務等が発生し続けることが想定されます。

　このような場合に、主たる債務者である賃借人の経済状態が悪化したからといって連帯保証人の個人根保証契約の元本が確定したのでは、連帯保証契約を締結した目的が達成されないことになります。そこで、改正民法は、貸金等債務についての個人根保証契約とは異なり、賃貸借契約におけるような、貸金等債務を含まない個人根保証契約についての元本の確定事由は、上記❹と❺を元本確定事由からは除外しています。

> **【賃貸借契約の連帯保証人に関する元本確定事由（改正民法第465条の４第１項）】**
> ❶　債権者が、保証人の財産について金銭の支払いを目的とする債権について強制執行又は担保権の実行を申し立て、その手続の開始があったとき
> ❷　保証人が破産手続開始の決定を受けたとき
> ❸　主たる債務者又は保証人が死亡したとき

75

7 保証に関するQ＆A

Q 賃貸アパートを経営しています。改正民法施行後に、新たに賃貸借契約を締結する場合に、いわゆる家賃保証会社に保証してもらう場合には、保証会社との間で極度額を合意しなければならないのでしょうか？

A 改正民法では、極度額は個人根保証契約の場合に必要とされています。つまり保証人または連帯保証人が個人である場合に要求されているものです。家賃債務保証会社のように保証人が法人である場合には極度額の規制は適用されません。もっとも、家賃債務保証会社は、その契約において責任限度額を合意する例が多いと思われます。

Q 賃貸アパートを経営しています。改正民法では、連帯保証人が個人の場合は極度額を書面等で定めることになったとのことですが、連帯保証人が死亡すると、元本が確定するとも聞いたことがあります。連帯保証人が死亡すると、賃貸借の連帯保証はどうなるのでしょうか？

A 改正民法のもとで個人である連帯保証人が死亡した場合、死亡の時点で連帯債務の保証額が確定します。例えば、連帯保証人が死亡した時点で、賃借人が6か月分の賃料を滞納していた場合は、その6か月分の滞納賃料を保証するという義務が確定します。連帯保証人死亡後も、賃借人が滞納を続けていたとしても、連帯保証人の保証限度額は6か月分の賃料で確定します。この確定した保証債務を、亡くなった連帯保証人の相続人が相続し、相続人において、その保証債務の履行がなされることになります。

Q 貸ビル経営をしています。テナントの連帯保証人は個人の方です。極度額を定める以外に、連帯保証について注意することはありますか？

A 貸ビル賃貸借契約は、居住系賃貸借とは異なり、賃借人の事業のために締結されるものですから、連帯保証人が個人である場合には、改正民法に基づきテナントが当該連帯保証人にテナントの財産および収支の状況や、他に負担している債務の有無とその額および履行状況などについての情報提供義務を負うことになります。テナントがこれらを連帯保証人に説明していなかった場合には、賃貸人は、十分な情報提供がなされていなかったことを知り、または知ることができたような場合には、連帯保証人から、連帯保証契約を取り消されるおそれがあります。したがって、テナントや連帯保証人から、こうした説明がなされたことを書面で確認しておくことが必要です。

❸ 保証人に対する情報提供義務 • • • • • • • • • • • • •

■1 保証人に対する３種類の情報提供義務

　保証契約の締結にあたって、保証人に対して、誰が、どのような情報を提供し、どのような事項を説明しなければならないかについて、改正前民法上は特別な規定は設けられているわけではありません。

　改正民法では、保証人が想定外の高額の保証債務を負担するという事態から保護するため、保証人に保証契約のリスクを正しく認識できるよう、保証契約の進行段階に応じて、保証人に対する３種類の情報提供義務を定めています。３種類の情報提供義務を列挙すると、下記のとおりです。

保証人に対する３種類の情報提供義務
1　保証契約締結時における事業のために負担する債務の**個人根保証契約**における**主たる債務者**の保証人に対する情報提供義務
☞**債権者が提供義務違反を知り、知り得べきときは保証人は保証契約を取り消すことができる。**
2　保証契約期間中における、委託を受けた保証人全般<u>(個人・法人を問わない)</u>に対する**債権者**の情報提供義務
☞**違反に対する明文規定は設けられていない。**

77

3　主たる債務者が期限の利益を喪失した場合における、法人を除く**個人保証人全般に対する債権者**の情報提供義務

☞違反時は喪失日から通知日までの遅延損害金に対する保証債務の履行請求を不可とする。

② 保証契約締結時における事業のために負担する債務の個人根保証契約における主たる債務者の保証人に対する情報提供義務

【改正民法第465条の10（契約締結時の情報の提供義務）】

　主たる債務者は、事業のために負担する債務を主たる債務とする保証又は主たる債務の範囲に事業のために負担する債務が含まれる根保証の委託をするときは、委託を受ける者に対し、次に掲げる事項に関する情報を提供しなければならない。

　一　財産及び収支の状況

　二　主たる債務以外に負担している債務の有無並びにその額及び履行状況

　三　主たる債務の担保として他に提供し、又は提供しようとするものがあるときは、その旨及びその内容

2　主たる債務者が前項各号に掲げる事項に関して情報を提供せず、又は事実と異なる情報を提供したために委託を受けた者がその事項について誤認をし、それによって保証契約の申込み又はその承諾の意思表示をした場合において、主たる債務者がその事項に関して情報を提供せず又は事実と異なる情報を提供したことを債権者が知り又は知ることができたときは、保証人は、保証契約を取り消すことができる。

3　前二項の規定は、保証をする者が法人である場合には、適用しない。

(1) 対象債務の範囲

　主たる債務者が情報提供義務を負うのは、❶事業のために負担する債務を主たる債務とする個人根保証契約か、❷主たる債務の範囲に事業のためにする債務が含まれる個人根保証契約です。

したがって、賃貸アパートや賃貸マンション等の、住居系賃貸借契約の個人の連帯保証人に対して、主たる債務者である賃借人が連帯保証人に説明義務を負うことは義務づけられてはいません。しかし、貸ビルにおけるオフィスや店舗等の賃貸借契約の場合は、賃料債務等は事業のために負担する債務となりますので、事業系賃貸借契約の個人の連帯保証人に対しては、各テナントが情報提供義務を負うことに注意する必要があります。事業系賃貸借契約の賃借人等に上記内容の情報提供義務を課した目的は、連帯保証人が、現実に保証債務を履行しなければならなくなるリスクを正しく理解できるようにするためです。

　また、オーナーが、賃貸アパートや賃貸マンションを建築するための建築資金の借入れに関する契約は、まさに事業のために負担する債務ですので、その連帯保証人が個人である場合には、この情報提供義務が適用されることに留意すべきです。

(2)　情報提供義務を負う者

　「事業のために負担する債務」の個人根保証契約の保証人に対する情報提供義務を負う者は「主たる債務者」です。貸ビル賃貸借契約における主たる債務者はテナントですので、テナントが個人根保証人に対して情報提供義務を負うこととされています。

　また、オーナーが、賃貸アパートや賃貸マンションを建築するための建築資金の借入れに関する契約の場合は、主たる債務者は、金融機関から融資を受けるオーナーですので、オーナーが個人の連帯保証人に対して情報提供義務を負うことになります。

(3)　情報提供義務の内容

　事業のために負担する債務の個人根保証人に対し提供すべき情報は、下記のとおりです。

【事業のための契約等における債務者の個人保証人に対する情報提供】

❶　主たる債務者の財産及び収支の状況

❷　主たる債務以外に負担している債務の有無並びにその額及び履行状況

79

❸ 主たる債務の担保として他に提供し、又は提供しようとするものが
あるときはその旨及び内容

すなわち、改正民法によると、事業系のビル賃貸借契約においては、テナ
ントの連帯保証人が個人である場合には、テナントが、連帯保証人に対し、自
社の財産状況、収支の状況や、当該ビル賃貸借以外にどのような債務を負担し
ているのか、その額がいくらであるのか、履行をきちんと行っているのか、他
に提供すべき担保があるときはその内容等を説明すべきことになります。

自社の財産状況、収支状況に関する情報を第三者に提供することは実務上
困難な問題はあり得ますが、事業系ビル賃貸借の場合は、連帯保証人はほと
んどのケースが当該テナント企業の代表取締役ですので、事実上の差支えは
生じないでしょう。

⑷ 情報提供義務に違反した場合のペナルティ

仮に情報提供義務等の義務違反がなされた場合、ペナルティを課されるの
は義務違反をした者であるのが一般的です。しかし改正民法は、賃借人が、
上記の❶〜❸の説明を行わず、または事実と異なる説明をしたことを賃貸人
が知り、または知ることができたときは、保証人は、賃貸人に対して、保証
契約を取り消すことができるものとされていることに注意が必要です。要す
るに、賃借人が情報提供義務に違反した場合には、賃貸人が、保証契約を取
り消されるリスクを負うことになるのです。

上記のように、賃借人が情報提供義務に違反した場合、賃貸人がこれを
知っただけではなく、知ることができたときも保証契約が取り消されるとい
うリスクを負担することになるため、賃貸人としては、保証人が賃借人から
上記❶〜❸の説明を受けたことを確認する措置を講じておく必要がありま
す。このための実務的な工夫としては、表明保証条項を活用するのもひとつ
の方法です。たとえば、事業系ビル賃貸借契約書に、賃借人は個人の連帯保
証人に民法所定の情報を提供したことを表明し、保証する旨の条文を規定
し、連帯保証条項においても、連帯保証人は、賃借人から、民法所定の情報
の提供を受けたうえで連帯保証契約を締結するものであることを表明し、保

証する旨の条文を規定しておくという方法です。提供されるべき情報について、チェックシート等を作成して、事実確認をすることも有益でしょう。

⑸ **保証契約期間中における、委託を受けた保証人全般に対する債権者の情報提供義務**

① **賃貸人が情報提供義務を負う場合**

　改正前民法では、不動産賃貸借契約に関して、賃貸人が連帯保証人に対して情報提供を行わなければならないという、特別の規定は設けられていませんでした。しかし保証人にとっては、主たる債務者の債務の履行状況は、将来、保証人が保証責任を現実に負うか否かという点で重大な関心事項です。

　それにもかかわらず、保証人が主たる債務者である賃借人に対して、債務の履行状況を問い合わせても、正確な回答が得られるとは限られませんし、そのような保証があるわけでもありません。その意味では、債権者である賃貸人に対して問い合わせをするのが一番確実な方法です。賃貸人からの回答は信頼できるはずですが、賃貸人からは、賃借人の債務の履行状況は、賃借人の社会的信用にも関連する事項であり、個人情報であるとして回答を拒否する場合もあるでしょう。しかし、保証人が、主たる債務者から委託を受けて保証人となった場合には、保証人が債権者に照会して主たる債務の履行状況を知る機会を与えることは、必要性もあり、あながち不合理なものともいえない面があります。そこで改正民法は、①委託を受けて保証をした保証人は、②法人、個人を問わず、③債権者に対し主たる債務者の債務の履行状況についての情報提供を求めることができる、ということを明文化しています。

　したがって、建物賃貸借契約において、委託を受けて保証契約を締結した保証人、連帯保証人は、法人、個人を問わず、賃貸人に対して、賃借人の債務の履行状況を照会し、情報提供を求めることができます。

② **賃貸人が保証人に対し提供すべき情報**

　改正民法が、賃貸人が保証人に対し提供すべきものとしている情報とは以下のとおりです。

【改正民法第458条の2（主たる債務の履行状況に関する情報の提供義務）】

　保証人が主たる債務者の委託を受けて保証した場合において、保証人の請求があったときは、債権者は、保証人に対し、遅滞なく、主たる債務の元本及び主たる債務に関する利息、違約金、損害賠償その他その債務に従たる全てのものについての不履行の有無並びにこれらの残額及びそのうち弁済期が到来しているものの額に関する情報を提供しなければならない。

③　賃貸人が情報提供義務を負う場合の留意点

　もとより、連帯保証人に保証債務を請求する段階にいたれば、賃貸人は、保証人に対し、主たる債務者である賃借人の債務不履行状況を通知して保証債務の履行を請求することになります。しかし、いまだそのような段階にいたっていない時期に、保証人から賃貸人に対し、「賃借人が家賃等の支払いをきちんとしているのか」という問合せがあったとしても、賃借人の家賃の支払状況について情報提供することを、躊躇する賃貸人は少なくないと思われます。

　とくに保証人が、賃借人の会社の上司であるような場合に、賃借人の家賃の支払いが1～2週間遅れている時点で、上司である連帯保証人から問合せを受けて、賃貸人が、賃借人の家賃の支払いが1～2週間遅れている旨を話せば、保証人である上司から、部下である賃借人に対し、注意がなされるでしょう。そうした場合には、賃借人から賃貸人に対し、自分の家賃の支払いが遅れたことは申し訳ないとしても、そのような事実を会社の上司に話すことは、個人情報保護法違反ではないかとか、プライバシーの侵害や賃貸人としての守秘義務違反であるといったクレームが出されるなど、賃貸人がトラブルに巻き込まれるおそれがないとはいえません。

　改正民法が、委託を受けて保証契約を締結した保証人に対する、賃貸人の情報提供義務を規定した目的は、一面においては、保証人が賃貸人に照会して賃借人の家賃債務の履行その他の債務の履行状況を知るための法的

根拠であったり、他面においては、賃貸人が賃借人の債務の履行状況について情報提供することは、賃借人に対する守秘義務を負うものではないことの法的根拠を明確にしたりするためといわれています。

したがって、賃貸人が、保証人に対して情報提供することは守秘義務違反や個人情報保護法違反には該当しません。しかし、留意すべきは、提供する情報は改正民法第458条の2に定められた最低限の情報に限定すべきであり、これ以外の情報まで漏らすと、守秘義務違反のクレームを受けるおそれがあります。

④　管理会社が賃貸人に代わって保証人に情報提供する場合の留意点

昨今では、管理会社が賃貸人に代わって家賃の収納代行業務を行うことも少なくなく、保証人から賃貸人に対して、賃借人の家賃の支払い状況の問合せがなされた場合、賃貸人自身はリアルタイムでの家賃の支払状況を把握しているわけではないので、賃貸人から管理会社に対して、管理業務の一環として保証人に対する情報提供を依頼される場合があると思われます。

しかし、改正民法において、賃借人の賃料等の支払い状況等についての情報提供をすることについて守秘義務を解除されているのは賃貸人であって、管理会社が守秘義務を解除されているわけではありません。

管理会社が賃借人の情報を提供するにあたって守秘義務違反とならないのは、守秘義務を解除されている賃貸人の情報提供義務の代理人として情報提供をする場合と考えるべきでしょう。

⑤　賃貸人の情報提供義務違反の効果

改正民法は、賃借人の情報提供義務違反の場合とは異なり、賃貸人が上記の情報提供義務に違反した場合の効果について、直接に定めた特別な規定は設けていません。

このことは、委託を受けた保証人から、賃貸人に対してなされた賃借人の債務の履行状況に関する照会に対して、賃貸人が必要な情報の提供をしなかった場合には、一般の債務不履行の法理にしたがって処理されることを意味しています。

83

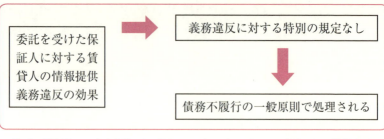

　債務不履行の一般原則で処理されるということは、保証人が情報提供を受けなかったことにより損害を被った場合には、保証人から賃貸人に対する損害賠償請求か、これを理由とする保証契約の解除ができるということが考えられます。

❹ 敷金に関する規定の創設

1 改正前民法による敷金の取扱い

　改正前民法には、敷金に関する規定がありません。したがって、❶何をもって「敷金」というのか、❷敷金は何時返還すればよいか、❸賃借権が譲渡された場合に敷金を旧賃借人に返還する必要があるか等については、いずれも民法の解釈と判例にその解決が委ねられていました。

　そこで、改正民法では、分かりやすい民法とするとの観点から、敷金について、これまでの判例を明文化するとともに、判例理論において明らかにされていなかった部分についても、明文の規定を設けて敷金に関する法律関係を明確にしたところです。

【改正民法第622条の2（敷金）第1項】
　賃貸人は、敷金（いかなる名目によるかを問わず、賃料債務その他の賃貸借に基づいて生ずる賃借人の賃貸人に対する金銭の給付を目的とする債務を担保する目的で、賃借人が賃貸人に交付する金銭をいう。以下この条において同じ。）を受け取っている場合において、次に掲げるときは、賃借人に対し、その受け取った敷金の額から賃貸借に基づいて生じた賃借人

の賃貸人に対する金銭の給付を目的とする債務の額を控除した残額を返還
しなければならない。

　一　賃貸借が終了し、かつ、賃貸物の返還を受けたとき。

　二　賃借人が適法に賃借権を譲り渡したとき。

❷　改正民法による敷金の定義

改正民法では、敷金を次のように定義しています。

敷金の定義	＝	敷金とは、いかなる名目によるかを問わず、賃料債務その他の賃貸借に基づいて生ずる賃借人の賃貸人に対する金銭の給付を目的とする債務を担保する目的で、賃借人が賃貸人に交付する金銭をいう。

⑴　名目の如何を問わない

　改正民法では、敷金という名目であろうが、保証金その他の名目であろうが、およそ賃借人から賃貸人に交付する金銭で、賃貸借契約に基づく賃借人の金銭債務を担保する目的であるものは、すべて敷金と定義されます。

⑵　賃貸借に基づいて生ずる賃借人の賃貸人に対する金銭の給付を目的とする債務を担保する目的で交付される金銭であること

　改正民法では、敷金は、名称の如何にかかわらず、「賃借人の賃貸人に対する金銭債務の担保」を目的として交付されるものであるか否かが、敷金か否かの判断基準とされています。

⑶　改正民法の定める敷金の返還時期

　改正民法は、敷金の返還時期については、次のように定めています。

☞ **ポイント！**

【改正民法第622条の２で定める敷金の返還時期】

　次に掲げるときは、賃借人に対し、その受け取った敷金の額から賃貸

借に基づいて生じた賃借人の賃貸人に対する金銭の給付を目的とする債務の額を控除した残額を返還しなければならない。

　一　賃貸借が終了し、かつ、賃貸物の返還を受けたとき。

　二　賃借人が適法に賃借権を譲り渡したとき。

　第1に、敷金は、「賃貸物の返還を受けたとき」に返還すると定められています。賃貸人は、賃貸物である建物等の返還を受けたうえで、敷金を返還することになります。実務上は、賃借人から賃貸目的物である建物等の返還を受け、建物等の状況を確認したうえで、原状回復の未達分等について、敷金の精算を行っており、「建物明渡後〇日以内に敷金から控除すべき金額を控除した後の残額を返還する。」旨を明記している賃貸借契約書もよく見受けられます。

　第2に、賃借権を適法に譲渡したときも敷金を返還することになります。

　この点で誤解しやすいのは、賃借人が賃借権を譲渡した場合、敷金返還請求権まで当然に賃借権の譲受人に移転するわけではないということです。賃借権を適法に譲渡しても敷金返還請求権までが譲受人に移転するわけではありません。最高裁判例もこの理を判示しています。

参考判例

　「借地人が交替した場合でも、新たな借地人に対して敷金返還請求権を譲渡する等の特段の事情がない限り、敷金返還請求権は新借地人には承継されない。」（最判昭和53年2月22日）

　敷金は、賃借人の賃貸人に対する金銭債務の担保を目的として交付されるものですから、賃借人が適法に賃借権を第三者に譲渡した場合は、その担保の目的は終了することになるので、賃貸人は、旧賃借人に敷金を返還することになります。改正民法は、この理を明文で規定したものです。

　それでは、賃貸人が、直ちに敷金を返還するのではなく、賃借権の譲受人との間の賃貸借が終了するまで敷金を返還しないようにしたいと考える場合は、どのようにすればよいのでしょうか。

前記の昭和53年2月22日の最高裁判例によれば「新たな借地人に対して敷金返還請求権を譲渡する等の特段の事情がない限り」と判示しています。このことから、賃貸借契約において、賃借権が譲渡される場合には、賃借人は賃借権の譲受人に対し、自己の敷金返還請求権を債権譲渡することを義務づけておくことが考えられます。また改正民法では、敷金の弁済期の到来時期を「賃借権を適法に譲渡したとき」としています。賃借権を適法に譲渡したときとは、賃貸人が賃借権の譲渡につき承諾を与えたときです。賃貸人が、賃借権の譲受人に対して、敷金返還請求権を譲渡することを譲渡承諾の条件として、敷金返還請求権の譲渡が行われた場合にのみ、譲渡承諾するということも考えられます。

⑷　**賃借人は未払賃料につき敷金を充当せよとは主張できないことの明文化**

　　改正民法は、賃貸人は、賃借人が賃料その他の金銭支払債務を履行しないときは、敷金をその債務に充当できますが、賃借人は、賃貸人に対し、敷金をその債務の弁済に充てることを請求できないと定めています。これも賃貸借契約実務に合致し、敷金の目的からしても相当な規定といえるでしょう。

【改正民法第622条の2（敷金）第2項】

2　賃貸人は、賃借人が賃貸借に基づいて生じた金銭の給付を目的とする債務を履行しないときは、敷金をその債務の弁済に充てることができる。この場合において、賃借人は、賃貸人に対し、敷金をその債務の弁済に充てることを請求することができない。

３　賃貸借（敷金）に関するQ&A

Q　改正民法では、テナントから預かった敷金は、適法に賃借権が譲渡されたときは、敷金返還期日が到来することになると聞きました。テナントが賃借権を譲渡した場合は、賃借権の譲受人に敷金をそのまま引き継いでもらえるのではないのですか？

A 賃借権の譲渡は、従前の賃借人が有していた賃借権がそのまま譲受人に引き継がれるのですから、敷金関係も同様に譲受人に引き継がれると考えがちですが、そうではありません。賃借権を譲渡すると、確かに賃借権は譲受人に移転します。しかし、敷金は、従前の賃借人が賃貸人に対して負担する債務の担保です。賃借権の譲渡により、賃借権は譲受人に移転した以上、従前の賃借人は今後は賃貸人に対して債務を負担することがあり得ません。このため、従前の賃借人と賃貸人との間の敷金契約は目的が終了しますので、敷金の返還時期が到来してしまいます。したがって、賃借権の譲渡が適法に行われると、譲渡の時点までに従前の賃借人が債務不履行をしていた場合は、敷金からその不履行の額を差し引いた残額を、従前の賃借人に返還することになります。ただし、従前の賃借人が個々の債務の担保であった敷金の返還請求権を、賃借権の譲受人に債権譲渡した場合は、敷金は譲受人に承継されることになります。

⑤ 賃貸人の地位留保特約に関する規定の新設・・・

1 不動産の賃貸人たる地位の移転

　改正前民法第605条は、「不動産の賃貸借は、これを登記したときは、その後その不動産について物権を取得した者に対しても、その効力を生ずる。」と定めています。この点は改正民法第605条もほぼ同様であり「不動産の賃貸借は、これを登記したときは、その不動産について物権を取得した者その他の第三者に対抗することができる。」と定めています。不動産の賃借権を登記すれば、その後に賃貸不動産の所有権が第三者に移転したとしても、その新所有者に対して、自己の賃借権を主張することができ、そのまま使用収益を継続できるという意味です。要するに改正前民法では賃借権の対抗要件は賃借権の登記をすることにより得られるとの前提で規定されています。借地借家法では、建物賃貸借の対抗要件について、「建物の賃貸借は、その登記がなくても、建物の引渡しがあったときは、その後その建物について物権を取得した者に対し、その効力を生ずる。」（借地借家法第31条）と定めており、賃借権の登記を経由しなくても、建物について引渡しがなされれば賃貸借は対抗力を有する旨が定められています。

　ところで、賃貸借が対抗要件を具備した後に当該不動産の所有権を取得した第三者と、賃借人との関係はどのような関係となるのかについては改正前民法には直接の規定がありません。そこで改正民法では、この点を明確にする規定を新設しました。

【改正民法第605条の2（不動産の賃貸人たる地位の移転）第1項】

　前条、借地借家法（平成3年法律第90号）第10条又は第31条その他の法令の規定による賃貸借の対抗要件を備えた場合において、その不動産が譲渡されたときは、その不動産の賃貸人たる地位は、その譲受人に移転する。

　要するに、対抗要件を備えた賃借人と、賃借人のいる不動産の所有権を取得した第三者との間には、直接には何の契約も締結した事実はありませんが、不動産の譲渡人である前賃貸人が、賃借人と締結した賃貸借契約における賃貸人

たる地位が、譲受人に移転することが明文化されています。なお、賃貸人の地位の移転を、何時から賃借人に対して主張できるかについては、改正民法は明文の規定を設けています。

【改正民法第605条の2第3項】

3　第1項又は前項後段の規定による賃貸人たる地位の移転は、賃貸物である不動産について所有権の移転の登記をしなければ、賃借人に対抗することができない。

　この内容は、改正前民法のもとでの判例理論であり、判例が改正民法において明文化されたものです。

② 実務上の要請と賃貸人たる地位の留保特約の効力

　上記のとおり、賃貸不動産の所有権を譲渡すると、賃貸不動産の所有権とともに、賃貸人たる地位も譲受人に移転するというのが民法上の原則ですが、実務上の要請として、貸ビル等の賃貸不動産の所有権は移転したいが、賃貸人たる地位は譲受人に移転させず、前所有者（譲渡人）が相変わらず賃貸人としてテナントに対する賃料の請求を行いたいとの要望があります。そこで、契約自由の原則を根拠として、賃貸不動産の所有権は移転しますが、賃貸人たる地位はなお従前の所有者に留保するという賃貸人たる地位の留保特約付きで賃貸不動産が売買されることがあります。

　このような賃貸人の地位留保特約は、最高裁判例は否定しています。

▌▌ 参考判例

　「自己の所有建物を他に賃貸して引き渡した者が右建物の所有権を第三者に移転した場合に、新旧所有者間において賃貸人の地位を旧所有者に留保する旨を合意したとしても、これをもって直ちに賃貸人の地位の新所有者への移転を妨げるべき特段の事情があるものということはできない。」

（最判平成11年3月25日）

　しかし、不動産取引の実務においては、賃貸人たる地位を旧所有者（譲渡

人）に留保するニーズがありますが、改正前民法にはこれに関する規定がありません。そこで、改正民法では、どのような条件を満たせば賃貸人の地位留保特約が有効となるのかについて明文規定を設けています。

【改正民法第605条の2（不動産の賃貸人たる地位の移転）第2項】
2　前項の規定にかかわらず、不動産の譲渡人及び譲受人が、賃貸人たる地位を譲渡人に留保する旨及び**その不動産を譲受人が譲渡人に賃貸する旨の合意をしたとき**は、賃貸人たる地位は、譲受人に移転しない。この場合において、譲渡人と譲受人又はその承継人との間の賃貸借が終了したときは、譲渡人に留保されていた賃貸人たる地位は、譲受人又はその承継人に移転する。

❷　Bを賃貸人とするAへの賃貸借契約の締結（リースバック）

要するに、改正民法は、単に賃貸人の地位の留保特約があるのみでは足りないとする最高裁判例に鑑み、❶地位の留保特約に加えて、❷譲受人を貸主、譲渡人を借主とする賃貸借契約の締結、つまり、賃貸不動産を売って（セールス）、その不動産を買主（譲受人）が売主（譲渡人）に賃貸（リースバック）するという、いわゆる「セールス　アンド　リースバック」の契約を締結した場合には、賃貸人たる地位は前所有者に留保することができるということを明確にしたものです。

❻ 賃貸物の修繕に関する改正事項

1 改正前民法における賃貸物件の修繕義務

　改正民法第606条では、「賃貸人は、賃貸物の使用及び収益に必要な修繕をする義務を負う。」と規定し、賃貸物件が修繕を必要とする場合には、修繕義務を負うのは賃貸人であると定めています。しかし改正前民法には、その修繕が賃借人の責めに帰すべき事情によって生じた場合でも賃貸人に修繕義務があるのか否かについては明文の規定がありません。このため、その場合には賃貸人は修繕義務を負うのか否かにつき見解が分かれていました。

2 改正民法における賃貸物件の修繕義務

　そこで、改正民法は、改正前民法と同様に賃貸物についての修繕義務は賃貸人にあることを規定しつつ、賃借人の責めに帰すべき事情によって修繕の必要が生じた場合には、賃貸人には修繕義務がないことを明らかにしました。

> 【改正民法第606条（賃貸人による修繕等）第1項】
> 　賃貸人は、賃貸物の使用及び収益に必要な修繕をする義務を負う。ただし、賃借人の責めに帰すべき事由によってその修繕が必要となったときは、この限りでない。

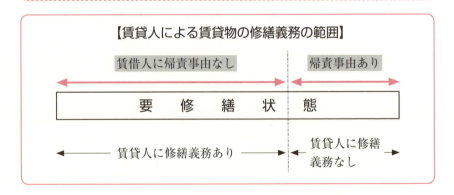

3 賃借人の修繕権の明文化

【改正民法第607条の2 （賃借人による修繕）】

賃借物の修繕が必要である場合において、次に掲げるときは、賃借人は、その修繕をすることができる。

一　賃借人が賃貸人に修繕が必要である旨を通知し、又は賃貸人がその旨を知ったにもかかわらず、賃貸人が相当の期間内に必要な修繕をしないとき。

二　急迫の事情があるとき。

改正民法では、一定の場合には、賃借人に賃借物を自ら修繕することができる旨の規定を設けています。「修繕をすることができる」とは、賃借人に賃借物の修繕権がある、ということを意味するものです。

これは改正前民法第608条第1項の規定から、当然に前提とされていたものと考えられます。

【改正前民法第608条第1項】

賃借人は、賃借物について賃貸人の負担に属する必要費を支出したときは、賃貸人に対し、直ちにその償還を請求することができる。

改正前民法第608条第1項にいう「必要費」とは、賃借人が賃借物の使用収益をするために必要となる費用であり、賃借物の原状を保存するための費用や使用収益の妨げとなる欠陥を修繕して原状に復するための費用などをいい、物を改良するための費用は含みません。

■■ 参考判例

「借家人が支出した屋根の葺き替え費用や、土台入替えの費用は必要費に該当する。」（大判大正14年10月5日）

▌参考判例

「雨漏りを防ぐための屋根の補強工事費用や塗装の費用は必要費に該当する。」（札幌地判昭和54年2月6日）

このように賃借物において、支出した費用のうち使用収益するために必要な費用の場合は必要費に該当しますが、それだけではありません。判例・学説では、「賃借物を通常の使用及び収益に適する状態にするために、賃借物以外のものに支出した費用」も必要費としています。

▌参考判例

「宅地として借地契約を締結した土地が、近隣の地盛りのため雨水が停滞したため、借地人が地盛りをした費用は必要費に該当する。」（大判昭和12年11月16日）

改正前民法第608条第1項が「賃借人は、賃借物について**賃貸人の負担に属する必要費**を支出したときは、賃貸人に対し、直ちにその償還を請求することができる。」と定めていることは、「賃貸人の負担に属する必要費」の中には修繕費が含まれるので、賃借人が賃借物を修繕することが当然の前提になっていると考えられます。しかし「賃借人が賃借物を修繕できる」と明文化されているわけではありません。そこで改正民法では、この点に関する疑義を生じないよう、賃借人に賃借物の修繕権があることを明文化しました。

その意味においては賃借人の修繕権については、法的には、改正前民法と改正民法の考え方は変わっていないと思われますが、民法に賃借人は一定の場合には賃借物を修繕する権利がある旨が明文化されることの影響は小さなものではないと思われます。

改正民法では、賃借人には修繕権がある旨が明文化され、賃貸人の負担に属する必要費は直ちにその償還を請求できると定められています。「直ちに」とは、賃貸借契約の終了を待つ必要はなく、費用の支出と同時にという意味であると解されています。賃貸人としては、契約終了を待たず、費用の償還を請求されることになるため、賃借人が行った修繕について、果たして修繕の必要性

があったか否か、賃借人の行った修繕行為は必要な範囲内のものであったか否かという争いが生ずる可能性もあり得ます。

改正民法の下では、修繕についてのルールを具体的に規定しておくことが必要になるものと思われます。

たとえば、賃貸物件が老朽化して賃貸人が建替計画している段階で、賃借人から修繕要求がなされたとします。賃貸人が建替えのための明渡しを求めて交渉しているところに、借主からの修繕を求める通知があった後、相当の期間が経過したとして、賃借人が建物を修繕してしまうようなことがあると、それによってトラブルが生じる可能性がないとはいえません。

これらの問題を考えるうえで、賃借人が修繕権を行使した場合、その修繕費用は誰が負担するのかを検討しておく必要があります。

4 賃借人が自ら修繕した場合の費用負担

民法では、賃貸物件が修繕を要する状態になった場合は、修繕義務は賃貸人が負担しています（改正前民法第606条第1項・改正民法第606条第1項）。したがって、賃借人が自ら修繕した費用は、賃借人が賃貸人に対し必要費として償還請求をすることになります。

賃貸人は、賃借人から修繕費用の償還請求を受けた場合に、修繕の必要性があったか否か、修繕の必要性自体は認められるとしても、必要な修繕の範囲を超えているのではないか（修繕と称するグレードアップ）など、賃借人が行った修繕が必要費の範囲を超えると主張して争うことが考えられます。

⑴ 賃貸人の負担に属する必要費であること

賃貸人が、賃借人の支出した必要費の償還義務を負うには、その必要費が賃貸人の負担に属することが必要です（改正前民法・改正民法第608条第1項）。この点については、いくつかの判例があります。

まず、賃貸人が修繕義務を負うとの民法上の原則とは異なる特約をした場合の効力の問題です。賃貸借契約書において、賃貸人が、修繕義務を負わない旨を特約した場合、賃貸人は修繕義務を負わなくなるのか、という問題です。

参考判例

　「『入居後の大小修繕は賃借人がする』旨の特約条項は、賃貸人は民法第606条第1項所定の修繕義務を負わないという趣旨のものにすぎず、賃借人が家屋使用中に生ずる一切の汚損・破損箇所を自己の費用で修繕し、目的家屋を当初と同一の状態に維持すべき義務を負うという趣旨のものではないと解するのが相当である。」（最判昭和43年1月25日　判時513号33頁）

　最高裁は、賃貸人が修繕義務を負わないとの特約は有効と認めています。したがって、賃貸人が、賃貸借契約において、賃貸人は修繕義務を負わない旨の特約をしている場合には、賃借人は、修繕権を行使しても賃貸人にその費用を償還請求できないことになります。そうであれば、少なくとも濫用的な修繕は行われなくなるはずです。

　また修繕費用を賃貸人と賃借人のいずれが負担するかという問題も、実務上は、賃料の高低と関連して議論されることも少なくないでしょう。

参考判例

　（家屋の賃料が低廉な場合において）「家屋自体の維持保存のための費用は賃貸人負担と解せざるを得ない。」（大阪高判昭和38年8月14日）

参考判例

　（統制家賃の適用がある場合において）「家屋が老朽化し、朽廃が遠くないにもかかわらず、大修繕をした場合には、その費用は賃貸人に負担させるべきではない。」（東京地判昭和41年4月8日）

参考判例

　「長期間にわたり修繕を繰り返していながら、賃貸人にその事実を報告もしていない場合は、賃借人がその修繕義務を負担する旨の特約があるものと推認される場合があり得る。」（大阪地判昭和38年8月24日）

⑵　必要費償還請求をしない旨の特約の効力

　一般に、民法第608条第1項の規定は、任意規定と解されており、民法の条文と異なる特約も有効と解されています。したがって、賃借人が必要費償還請求権を行使しない旨の特約は一般に有効であると解されます。

5　賃貸借（修繕）に関するＱ＆Ａ

Q　賃貸アパートの大家です。築45年を経過した古アパートなので、修繕が必要な箇所もあるのですが、空室も多く、修繕費を捻出できません。改正民法が施行されたら、入居者から修繕を要求されると、応じざるを得なくなるのですか？

A　現行民法のもとでも、修繕が必要になった場合には、修繕義務は賃貸人が負うこととされています。この点は改正民法も変わりはありません。ただ、今回の改正民法により、賃借人から修繕を求められ、賃貸人が相当期間内に修繕をしなかった場合には、賃借人が自ら修繕する権利があることが明文化されたという点が従来との相違です。賃借人が修繕した場合、その費用は、それが必要な修繕の範囲内のものである限り、原則として、賃貸人が負担することになります。

7　賃貸目的物の一部滅失または一部使用収益不能と賃料の当然減額

1　賃借物が一部滅失した場合の改正前民法の規定

　改正前民法では、賃借物の一部滅失については、次のように定められています。

【改正前民法第611条（賃借物の一部滅失による賃料の減額請求等）】
　賃借物の一部が賃借人の過失によらないで滅失したときは、賃借人は、その滅失した部分の割合に応じて、賃料の減額を請求することができる。

2　前項の場合において、残存する部分のみでは賃借人が賃借をした目的を達することができないときは、賃借人は、契約の解除をすることができる。

　この規定からわかることは、改正前民法は、❶賃料の減額は賃貸目的物の一部滅失の場合に限られていること、❷その効果は賃借人が賃料の減額請求ができるものとされていることです。

　賃借物の一部が賃借人の過失によらないで滅失した場合は、本来的には、危険負担の問題となりますから、改正前民法第536条第1項により、賃貸人は滅失した一部分の使用収益させる義務を免れ、賃借人は滅失した一部分に対する賃料支払債務を免れるというのが結論となるはずです。しかし改正前民法では、賃貸借については、滅失した部分は賃借人が減額請求をすることによって賃料減額が生ずるとして、危険負担の例外としての特則を定めたことになります。

　一部滅失部分が修繕可能である場合に、賃料減額請求権を行使するのではなく、修繕請求権を行使することも考えられるところであり、賃料の減額について賃借人の意思にかからしめて危険負担の原則の特則を設けた改正前民法の考え方は理解できないものではありません。

❷　賃借物が一部滅失等した場合の改正民法の規定

　改正民法では、賃借物の一部が滅失した場合は、賃料の減額請求ではなく、一部の滅失した部分については、賃料は当然減額となる旨を定めています。当然減額ということは、一部滅失した部分は賃料が不発生になるということです。

　また、改正民法は、賃借物の一部が滅失していない場合であっても、その一部の使用収益ができなくなった場合も、その部分に対する賃料は当然減額であるとの規定を設けています。

【改正民法第611条（賃借物の一部滅失等による賃料の減額等）】
　賃借物の一部が滅失その他の事由により使用及び収益をすることができなくなった場合において、それが賃借人の責めに帰することができない事

由によるものであるときは、賃料は、その使用及び収益をすることができなくなった部分の割合に応じて、減額される。

2　賃借物の一部が滅失その他の事由により使用及び収益をすることができなくなった場合において、残存する部分のみでは賃借人が賃借をした目的を達することができないときは、賃借人は、契約の解除をすることができる。

3　賃借物が一部滅失等した場合の改正前民法と改正民法との相違点

(1)　減額請求か当然減額か？

　賃借物の一部滅失に関する改正前民法と改正民法とを比較すると、第1に、改正前民法では賃料減額請求ができると定められていたところ、改正民法では、賃借物の一部が滅失した場合に、それが賃借人の責めに帰することができない事由によるものであるときは、賃料はその使用及び収益をすることができなくなった部分の割合に応じて当然に減額されることになります。

　すなわち、改正前民法と改正民法では、賃料の減額請求の意思表示を要するか否かという点に相違があります。もっとも、学説においては、改正前民法の賃料減額請求権は形成権であり、かつ、一部滅失の当時に遡って効力を生ずると解されています。かかる学説を前提とするならば、その法的効果は変わらず、単に賃料減額の意思表示が必要か否かの相違に過ぎないことになります。

　しかし、賃料減額の意思表示によって賃料が滅失した部分について結果的に不発生となるのか、一部滅失と同時に当該部分の賃料が不発生となるのかについては、具体的事案の解決に影響を与えるおそれがあるように思われます。

　たとえば、賃借人が、一部滅失した部分が修繕可能である場合に、改正前民法のもとでは、賃料減額請求をすることなく、修繕請求をすることは可能であると思われますが、改正民法のように、滅失した部分については賃料が不発生であるとすると、賃借人は、賃料を支払っていないにもかかわらず、

当該部分の修繕を請求できるのかという疑問が生じます。一部滅失部分が修繕可能である場合の規律については賃貸借契約において合意をしておくほうが無用のトラブルを避けることになると思われます。

(2) 一部滅失以外の使用及び収益の不能

改正民法では、一部滅失の場合以外に、「その他の事由により使用収益をすることができなくなった場合」も減額の対象となります。その効果も、賃料は、減額請求権の行使を問わず当然に減額されることになります。

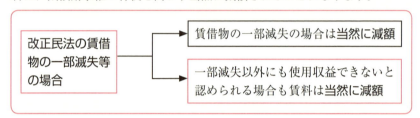

また、改正民法を実務で適用した場合に問題となり得ると思われるのは、「その他の事由により使用収益をすることができなくなった場合」とは、どのような場合をいうのか、という点です。

たとえば、住宅賃貸借契約において、風呂釜が壊れて真夏に相当期間、風呂を利用できなかったとすると、それは「その他の事由により使用収益をすることができなくなった場合」に該当するのでしょうか。その場合には、一体、いくら減額することになるのか、実務上は困難な問題を生じます。

また、オフィスビルで真夏にエアコンが故障して貸室が蒸し風呂状態になり、貸室内での執務ができなくなった場合は、「その他の事由により使用収益をすることができなくなった場合」に該当するのでしょうか。その場合には、一体、いくら減額すればよいのかについては、賃貸人と賃借人とでは、立場も異なるし、その意見も異なることが想定され、トラブルの原因にもなりかねません。

① 使用収益不能事由に応じた減額金額を予め合意する

このようなトラブルを生じないようにするには、賃貸借契約において、「使用収益をすることができなくなった場合」に該当する事例を想定し、それぞれにいくら減額をするのかを、あらかじめ合意しておくことが考え

られます。減額金額については、それぞれの事例により、たとえば風呂釜の故障の場合は1日当たり月額賃料の○％を減額、エアコンの故障の場合は1日当たり月額賃料の○％を減額というように定めておくことが考えられます。

　この点について、公益財団法人日本賃貸住宅管理協会が作成した「賃料減額ガイドライン」の表が参考になります。

状　　況	賃料の減額割合（月額）	免責日程
トイレが使えない	30％	1日
風呂が使えない	10％	3日
水が出ない	30％	2日
エアコンが作動しない	5000円	3日
電気が使えない	30％	2日
テレビ等通信設備が使えない	10％	3日
ガスが使えない	10％	3日
雨漏りによる利用制限	5～50％（＊結露・カビ等が発生した場合は約50％）	7日

　＊入居者による善管注意義務違反を除く。

②　早期通知を義務づける

　賃借物の一部が滅失した場合であれば、滅失が何時から生じたかは比較的明らかですが、滅失以外の事由で一部が使用収益をできなくなったのが何時かは、賃貸人には把握することが困難な事由です。賃借物の一部が使用収益をできなくなった場合には、遅くとも○日以内に賃貸人に通知しなければならないとの特約を設けておくこともひとつの方法であると思われます。

4 賃貸借（賃料減額）に関するQ&A

Q 貸ビルを経営していますが、当ビルの電気設備が故障し、一部テナントの居室が停電して、通電するまでの間、執務ができなかった場合、改正民法のもとでは、その分の賃料は請求できなくなるのでしょうか？

A 電気の供給が停止したことにより停電したことが賃貸居室の一部使用収益不能と判断されれば、その分に相当する賃料は当然に減額されることになります。つまり、一部使用収益できなかった分については、賃料は不発生ということになります。しかし、一定期間、停電したことによって賃料の何％が不発生となるかは、なかなか分かり難い面があります。このため、賃料がいくら減額されるのかを巡って、当事者間で争いを生ずるおそれがあります。このような場合に備えて、あらかじめ、一部の使用収益が不能になることが考えられる事由ごとに（例えば、エアコンが故障した場合、ユニットバスが故障して使えなくなった場合、電気設備の故障の場合等）、賃料をいくら減額するのか、その額を賃貸借契約書で合意しておいたほうが紛争防止のためには好ましいといえます。

❽ 原状回復の内容に関する規定の新設 ・・・・・・・・

1 収去権から収去義務の規定へ

(1) 改正前民法に定める賃借人の収去権

改正前民法では、不動産賃貸借契約が終了した場合に賃借人がとるべき契約上の義務については、賃貸借の節には直接の条文はなく、使用貸借の規定を準用するという形式が採用されています。

> **【改正前民法第598条（借主による収去）】**
> 　借主は、借用物を原状に復して、これに附属させた物を収去することができる。

> **【改正前民法第616条（使用貸借の規定の準用）】**
> ……第598条の規定は、賃貸借について準用する。

　改正前民法は、原状回復については、使用貸借の規定を準用する形式で規定しており、契約終了時の措置としては、「借主は、借用物を原状に復して、これに附属させた物を収去することができる。」（民法第598条）と定められており、この使用貸借の規定が賃貸借にも準用されています。

　したがって、改正前民法上は、賃貸借契約が終了した場合、賃借人が賃借物に附属させた物がある場合は、賃借人はこれを持ち去ることができるという意味で「収去権」は規定されていますが、賃借人がみずから設置した物を取り去ることが義務であることを示す「収去義務」は規定されていません。

(2)　**改正民法に定める賃借人の収去権と収去義務**

　改正民法は、使用貸借の節に新たに借主の収去義務を規定し、これが賃貸借に準用されるという形式をとっています。その結果、改正民法においては、賃借人は、賃貸目的物の収去権を有すると同時に、収去義務も負うということが明らかにされました。

2　改正民法における賃借人の「収去義務」の内容

　改正民法は、使用貸借における借主の収去については、次のように定めています。

> **【改正民法第599条（借主による収去等）第1項】**
> 借主は、借用物を受け取った後にこれに附属させた物がある場合において、使用貸借が終了したときは、その附属させた物を収去する義務を負う。ただし、借用物から分離することができない物又は分離するのに過分の費用を要する物については、この限りでない。

> **【改正民法第622条（使用貸借の規定の準用）】**
> ……第599条第1項……の規定は、賃貸借について準用する。

103

したがって、改正民法の下では、賃借人は収去義務を負うことが明記され、収去義務が及ぶ附属物の範囲とその例外は下記のように考えられています。

賃借人の収去義務

誰の所有物が附属されたかに関わりなく、賃借人が賃借物を受け取った後にこれに附属された物については全部収去義務を負う。

例外＝分離不可物
　　　過分の費用を要する物（壁紙・壁のペンキ等）

この例外については、賃借人が他人の所有物である賃借物に分離できない物を附属させることや、過分の費用を要する物を附属させること自体が問題ではないのか、これらの附属物に対して収去義務を負わないでもよい場合とは、賃貸人がそれらの物を設置することを同意していた場合に限るべきだとの議論もありましたが、結果的には、賃貸人の同意は不要とされていることに注意が必要です。

③ 改正前民法における原状回復義務

改正前民法では、賃貸借の節には、賃貸借契約が終了したときに、賃借人が原状回復義務を負うという直接の条文はありません。使用貸借が終了した際の措置を規定した民法第598条を賃貸借に準用するという形式がとられています。改正前民法が、使用貸借契約が終了した際の措置として規定している内容は下記のとおりです。

【改正前民法第598条（使用貸借の解除）】
　借主は、借用物を原状に復して、これに附属させた物を収去することができる。

この規定が、賃貸借に準用されているので、改正前民法において、賃借人は賃借物を原状に復す行為を行うことが予定されていることがわかります。しか

し、賃借人が負う原状回復義務の内容がどのようなものかについて、原状回復についての定義規定が設けられておらず、明文上は必ずしも明確でない面があります。

とくに「原状」という用語は、国語辞典によれば、「元の状態」を意味するため、賃借人が貸室を「元の状態」へ回復するとも読めます。賃貸借契約における「元の状態」とは、賃貸借契約を締結した時の状態と考えられるため、賃貸人は、賃貸借が終了した場合には、部屋の畳表やカーペット、クッションフロアや壁クロス、ブラインド等についても契約締結当時の状態に回復せよと要求して、賃借人とトラブルになることが多くありました。

その原因は、民法には賃貸借が終了した場合、賃借人は貸室を原状回復しなければならないと規定されていますが、改正前民法には原状回復とは何をすべきかを規定していないことにありました。「原状回復」は法律用語なので、国語辞典に記載された語義から、そのすべての内容を理解できるとは限りません。賃貸借の当事者間で「原状回復」とは何かをめぐり争いになることが少なくありませんでした。

❹ 改正民法における原状回復義務

そこで、改正民法では賃借人が賃貸借契約終了時に原状回復義務を負うこととともに、賃借人は賃借物に生じたどのような損耗を原状回復すべきかを規定しています。

【改正民法第621条（賃借人の原状回復義務）】

　賃借人は、賃借物を受け取った後にこれに生じた損傷（通常の使用及び収益によって生じた賃借物の損耗並びに賃借物の経年変化を除く。以下この条において同じ。）がある場合において、賃貸借が終了したときは、その損傷を原状に復する義務を負う。ただし、その損傷が賃借人の責めに帰することができない事由によるものであるときは、この限りでない。

結論的には、賃借人は経年変化や通常損耗については原状回復義務を負わないことが明文化されています。

105

賃借人が負担する原状回復義務の内容は、賃貸借契約開始後、建物に発生する損耗としては、❶経年変化、❷通常損耗（賃借人が契約で定めた用法に従い、通常の使用をした結果生じる損耗）、❸特別損耗（契約で定めた用法と異なる使用その他賃借人の善管注意義務違反等、通常の使用とはいえない使用方法により発生した損耗）の3種類があります。

　改正民法では、このうち賃借人が原状回復義務として負担するのは、❸の特別損耗だけであることを明文で定めたものです。

> **改正民法の原状回復義務** ➡ **通常損耗については原状回復義務がないことを明記**

　その結果、通常の使い方をした結果発生する損耗、たとえば畳表やクッションフロアの張替費用、ハウスクリーニング費用等については、賃借人は原状回復義務を負わないことが民法で明らかにされたことになります。

　この規定は、居住系賃貸借契約だけではなく、事業系賃貸借契約にも同様に適用される点に注意が必要です。

　したがって、居住系賃貸借契約において、畳表の張替費用やハウスクリーニング費用は賃借人が負担する旨の特約を記載した賃貸借契約書を用いたり、事業系賃貸借契約において、床カーペットの張替費用とブラインドの清掃費用、ルームクリーニング費用はテナントの負担とする旨の賃貸借契約書を用いたりしていると、賃借人から「それは民法違反の特約ではないか」というようなクレームも想定されます。

　そこで、改正民法における原状回復に関する規定は、任意規定なのか、それとも強行規定なのかという問題を検討しておく必要があります。

5　改正民法における原状回復義務の規定は強行規定か？

　民法改正作業の中間論点の整理の時点では、賃借人は通常損耗については原状回復を負わないという条項に続けて、さらに賃貸人が事業者で賃借人が消費者である場合は、これに反する特約は無効とする旨の条文案（強行規定とすることを明記した条文案）が示されています。

しかし、これについてはパブリックコメント等において、不動産団体等からの反対意見が強かったこと等の事情もあり、改正民法では、強行規定とする条文（「前項に反する特約は無効とする。」との条文）は削除されています。

　この経緯からしても、改正民法における原状回復に関する第621条は任意規定であると考えられます。したがって、事業系賃貸借においては、民法の定める原状回復とは異なる内容の原状回復条項を設けることは可能です。契約自由の原則が妥当する領域であり、事業系賃貸借において、この点に関する強行規定は存在しないからです。

❾ 通常損耗を賃借人負担とする条項を作成する場合の留意点

1 居住系賃貸借の場合

　判例は、居住系建物賃貸借契約についてのものではありますが、以下のように判示しています。

> **参考判例**
>
> 「建物賃貸借契約において、通常損耗が生ずることは賃貸借契約締結時に当然予想されており、通常は減価償却費や修繕費等の必要経費を折り込んで賃料の額が定められるものであって、賃借人が通常損耗の回復義務を負うことは、賃借人にとって、予期しない特別の負担を課されることになるから、通常損耗を賃借人が負担する特約が有効に成立するためには、賃借人が原状回復義務を負う範囲が契約書に明記されているか、そうでない場合は賃貸人が口頭で説明する等、賃貸人と賃借人との間で通常損耗負担

> 特約が明確に合意されていることが必要であるとされている。」（最判平成17年12月16日）

　この最高裁判例によれば、賃借人に通常損耗について原状回復義務を負わせる特約は、民法上は有効ですが、そのためには賃借人が負担する通常損耗を具体的に契約書に明記するか、口頭で説明することが必要です。口頭による説明は、後日に「言った、言わない」の紛争となるおそれがあるので、実務的には契約書に具体的に記載することが望ましいでしょう。たとえば、畳表の張替え、壁クロスの張替え、ハウスクリーニング費用等につき、賃貸借契約書に明記することです。

　居住系賃貸借などにおいて、賃貸人が事業者であり、賃借人が消費者である場合の賃貸借契約においては、消費者契約法が適用されます。通常損耗を賃借人負担とする特約は、民法の規定に比べて、消費者である賃借人の義務を加重する特約であることは明らかですので、それが信義則に反し消費者の利益を一方的に害すると判断された場合には、消費者契約法第10条により、無効と解されることになりますが、消費者契約法第10条に該当する場合を除き、有効と解されることになります。

　賃料が相場よりもかなり高額でありながら、通常損耗についての回復費用も賃借人負担としている場合には、その金額にもよると思われますが、「信義則に反し、消費者の利益を一方的に害する特約」と認められる場合があり得るかもしれませんが、そうでない場合には、原状回復条項が無効となる可能性はそれほど高くないのではないかと思われます。

② オフィス・店舗等の事業系賃貸借の場合

　オフィス・店舗等の事業系賃貸借の場合には、これまで、内容が相反する平成12年の東京高裁の判決と平成18年の大阪高裁の判決（上告不受理により確定）とが、ともに上告不受理により、確定判決として存在していました。

📖 参考判例

　「民間賃貸住宅の場合とは異なり、事業用ビルにおけるオフィス賃貸借の場合には、契約書に特約で、「賃貸借契約締結時の原状に回復しなければならない」と定められているときは、文字通り、契約締結時の状態にまで原状回復して返還する義務が賃借人にある。」（東京高裁平成12年12月27日判決（上告不受理により確定））

📖 参考判例

　「賃借物件の損耗の発生は、賃貸借という契約の本質上当然に予定されているものであって、営業用物件であるからといって、通常損耗に係る投下資本の原価の回収を、減価償却費や修繕費等の必要経費分を賃料の中に含ませてその支払を受けることにより行うことは不可能であるということはできず、また本件賃貸借契約の条項を検討しても、賃借人が通常損耗について補修費用を負担することが明確に合意されているということはできない。通常損耗についての原状回復義務を負わせるのは、賃借人に予期しない特別の負担を課することになるから、賃借人に同義務が認められるためには、少なくとも、賃貸借契約書の条項自体に具体的に記されているか、賃貸人が口頭により説明し、賃借人がその旨を明確に認識し、それを合意の内容としたものと認められるなど、その旨の特約が明確に合意されていることが必要と解するのが相当である。」（大阪高裁平成18年5月23日判決（上告不受理により確定））

　上記の東京高裁判決及び大阪高裁判決は、いずれも上告不受理により確定しています。その是非はともかくとして、実務的には、通常損耗分につき賃借人が原状回復義務を負う旨の特約は、賃貸借契約書に具体的に明記すれば有効となるというのですから、それさえ履践すれば、東京高裁判決、大阪高裁判決のいずれもの要請を満たし、特約が有効になりますので、テナントが負担する通常損耗の範囲を賃貸借契約書に具体的に明記することが望ましいでしょう。

　なお、この点で留意すべきことは、原状回復について別紙の原状回復一覧表

を用いて契約する場合です。この場合には、賃貸借契約書の原状回復の条項に、「賃借人は、別紙原状回復一覧表に記載された内容の原状回復義務を負う。」旨を記載し、別紙原状回復一覧表は、賃貸借契約書に添付して、賃貸借契約書に押印した印鑑と同じ印鑑を用いて、別紙との間に契印（割り印）を押捺し、賃貸借契約書と一体のものとしておくことが必要です。そうでなければ、「賃貸借契約書に具体的に明記」したことにならないからです。

改正民法の規定を踏まえて、賃貸借契約書の原状回復条項を見直しておく必要があるものと思われます。

３ 賃貸借（原状回復）に関するＱ＆Ａ

Q 居住系賃貸借の場合は、国土交通省の原状回復ガイドライン等が定められていますが、貸ビルなどの事業系賃貸借においては、従来どおり、テナントに原状回復義務を課していれば、床カーペットの張替えや、壁クロスの張替え費用は保証金から差し引くことができると考えてよいでしょうか？

A 改正民法では、原状回復の定義として、賃借人は通常損耗については原状回復義務を負わない旨が明記されました。この規定は、居住系賃貸借契約だけではなく、オフィス・店舗等を対象とする事業系賃貸借契約にも等しく適用されます。したがって、ビル賃貸借契約書に、明渡の際に、テナントは貸室の原状回復義務を負うと見定めている場合は、テナントに故意または過失、あるいは善管注意義務違反により発生させた損耗でない限り、テナントは原状回復義務を負わないことになります。テナントに通常損耗についても原状回復義務を負担してもらいたい場合は、賃貸借契約書に、テナントが負担する通常損耗を具体的に明記する等の措置を講じておくことが必要です。

改正民法の適用関係

　一般に、法律が改正された場合には、その適用関係を明らかにするため、附則により、改正法は、改正前の契約ないし法律関係にも適用されるか否かが規定されています。その規定には２種類のものがあり、ひとつは、改正法の規定は、附則等に特別の定めがない限り、改正法の施行前に生じた契約ないし法律関係にも適用するというもので、賃貸借に関しては現行の借地借家法が附則第４条（経過措置の原則）において、この理を明らかにしています。

> **参考**　借地借家法附則第４条（経過措置の原則）
> 　この法律の規定は、この附則に特別の定めがある場合を除き、この法律の施行前に生じた事項にも適用する。ただし、附則第２条の規定による廃止前の建物保護法に関する法律、借地法及び借家法の規定により生じた効力を妨げない。

　もうひとつは、改正法は、改正法施行後に新規に締結された契約ないし法律関係について適用するとするもので、今回の改正民法附則第34条第１項は、贈与・売買・消費貸借・使用貸借・賃貸借などの典型契約については、施行日前に締結された場合には、なお従前の例によることが定められています。

　しかしながら、贈与や売買等の一回的な給付を目的とする契約はそれでよいのですが、賃貸借契約のような継続的契約関係においては、契約の更新という現象を生じます。今回の改正民法のように、施行日前に契約が締結された場合に、「これらの契約」については、従前の例によると定められても、それでは、「これらの契約」が更新された場合、更新後の契約は、従前の法律が適用される契約と同一性をもって更新されるのであるから、相変わらず旧法適用とされるのか、それとも更新後の契約は新規の契約とみなされるのか、という点については、附則第34条第１項の文言だけからは必ずしも明確ではありません。

　わが国の法律において、更新後の契約は従前の契約と同一のものとみなして旧法適用とするのか、それとも施行後の新規契約であるとして改正法を適用するのかについては、それぞれの法律により、その法律の趣旨、法制定の経過等

の事情を総合考慮して、個々に決定されていると認識しています。

　たとえば、賃貸借の関連では、短期賃貸借制度を廃止する民法改正（平成15年法律第134号）がなされていますが、この場合の短期賃貸借の廃止は、同改正法施行後の賃貸借契約について適用され、施行前に締結された賃貸借契約は、施行後に更新した後もずっと旧法適用である旨が定められています。同改正民法附則第５条がそれに当たります。

　参考　平成15年８月１日法律第134号附則第５条 (短期賃貸借に関する経過措置)

　この法律の施行の際現に存する抵当不動産の賃貸借（<u>この法律の施行後に更新されたものを含む。</u>）のうち民法第602条に定める期間を超えないものであって当該抵当不動産の抵当権の登記後に対抗要件を備えたものに対する抵当権の効力については、なお従前の例による。」

　これに対し、平成13年４月１日施行の消費者契約法においては、同法は附則に<u>「この法律は、平成13年４月１日から施行し、この法律の施行後に締結された消費者契約についてこれを適用する。」</u>と定められています。これについては、平成13年４月１日よりも前に賃貸借契約が締結されていた事案において、同日後に更新した賃貸借契約に消費者契約法が適用されるかが争われました。新法施行後に締結された新規契約から新法を適用すると定められていても、新法施行後に更新された契約が、「新法施行後の新規契約」とみなされるか否かは附則の文言それ自体からは必ずしも明確とはいえないからです。この点について、第一審である京都地裁判決、その控訴審である大阪高裁判決ともに、消費者契約法については、更新後の契約は、消費者契約施行後に契約を締結したものとみることができる、との判断を示しています。したがって、この裁判例からすれば、附則に「この法律の施行後に締結された契約に適用する。」と規定されている場合は、施行後に更新された契約は、施行後に締結された契約として改正法を適用すべきであるとの結論を導くことも一般的には可能かと思います。

　今回の改正民法については、附則第34条第１項のみではなく、第２項の規定

が存在しています。第2項では、改正民法第604条第2項の存続期間の規定は、改正法施行後に更新した契約にも適用されることが明記されています。このこと自体は明確ですし、その旨のみを規定していれば問題はなかったと思います。

しかし、第2項の冒頭に「前項の規定にかかわらず」との文言が付されています。「前項の規定」とは、賃貸借等の契約類型においては、施行日前に締結されたものは改正前民法が適用されるというだけのものです。この規定だけであれば、施行日後に更新した契約について改正前民法が適用されるか否かは、一般的な解釈に委ねればよいはずですが、更新後の賃貸借契約に改正民法の存続期間に関する規定を適用することが「前項の規定にかかわらず」とされているということは、「前項の規定」では、施行日後に更新した賃貸借契約には改正前民法が適用されることを前提としていることになるのではないか、そうでない限り、「前項の規定にかかわらず」との表現がされることはないのではないかとの疑問を生じます。おそらく複数の弁護士の方々が施行日前に契約締結された賃貸借は、更新後も存続期間を除き改正前民法が適用されると解釈しておられるのは、これがその背景にあると考えられます。

過去の法制審民法部会の資料等を見ても、立法に関与した側が、改正民法施行後に更新した契約には改正民法が適用されるとの見解であることは明らかであると思われます。

しかし、その根拠は何かということになると、必ずしも明確ではありません。今回の立法の経緯や、極度額規制の趣旨等からすると、施行後に更新した賃貸借の連帯保証の場合にも改正民法を適用すべきものと思います。附則第34条第2項の冒頭に「前項の規定にかかわらず」との文言があるため、理論的な疑問を払拭しきるまでには至らないというのが実情ではないかと思います。附則第34条第2項の規定は、「新法第604条第2項の規定は、施行日前に不動産の賃貸借契約が締結された場合において、施行日以後にその契約の更新に係る合意がされるときにも適用する。」とだけ規定しておけば目的を達するにもかかわらず、何故、冒頭にわざわざ「前項の規定にかかわらず」との文言を付したのか、が疑問とされることになるからです。「前項の規定にかかわらず」とは、

113

施行日前に締結した契約を更新した場合には原則として改正前民法が適用されるとの前提に立たない限り、不要な文言とも考えられるからです。

　既に立法化された法律の解釈の問題ですので、立法に関与した法務省が最終的な有権的解釈の決定権を持つわけではなく、最終的な解釈権限は裁判所が持つことになると思われます。

□著者略歴

江口　正夫（えぐちまさお）

海谷・江口・池田法律事務所　弁護士

昭和50年３月　東京大学法学部卒業　弁護士（東京弁護士会所属）
最高裁判所司法研修所弁護教官室所付、日本弁護士連合会代議員、
東京弁護士会常議員、民事訴訟法改正問題特別委員会副委員長、
(旧) 建設省委託貸家業務合理化方策検討委員会委員、(旧) 建設
省委託賃貸住宅リフォーム促進方策検討委員会作業部会委員、
NHK 文化センター専任講師、不動産流通促進協議会講師、東京商
工会議所講師等を歴任、公益財団法人日本賃貸住宅管理協会理事

宅建業者・賃貸不動産管理業者のための
民法（債権法）改正における実務ポイント

2018年８月31日　第１版第１刷発行
2020年３月12日　第１版第２刷発行

著　……江　口　正　夫

発行者……箕　浦　文　夫

発行所……株式会社大成出版社

〒156-0042 東京都世田谷区羽根木1—7—11
TEL 03—3321—4131 (代)
https://www.taisei-shuppan.co.jp/

ⓒ2018　江口正夫　　　　　　　　印刷　信教印刷
落丁・乱丁はおとりかえいたします。

ISBN978-4-8028-3343-1